JAMES TEITHIAU BYWYD DAU GAPTEN a NIKOLAI

I'm teulu

JAMES a NIKOLAI

TEITHIAU BYWYD DAU GAPTEN

GARETH PARRY JONES

y Lolfa

Argraffiad cyntaf: 2022
© Hawlfraint Gareth Parry Jones a'r Lolfa Cyf., 2022

Lluniau'r clawr: Gareth Parry Jones ac Ine Wenckebach
Cynllun y clawr: Y Lolfa

Rhif Llyfr Rhyngwladol: 978 1 80099 262 7

Cyhoeddwyd ac argraffwyd yng Nghymru
ar bapur o goedwigoedd cynaliadwy gan
Y Lolfa Cyf., Talybont, Ceredigion SY24 5HE
e-bost ylolfa@ylolfa.com
gwefan www.ylolfa.com
ffôn 01970 832 304
ffacs 01970 832 782

Diolch

IDDECHRAU, RWY'N ddyledus i Lefi Gruffudd o wasg Y Lolfa am ragweld bod deunydd cyfrol yn y mân hanesion oedd gennyf. Mae diolch arbennig i Marged am ei hamynedd diflino wrth gywiro ac addasu. Roedd ei chefnogaeth a'i chyngor yn werthfawr tu hwnt wrth i'r gwaith ddod at ei gilydd. Diolch hefyd i Robat Trefor am y gwaith golygu copi ac i Alan Thomas am y gwaith dylunio.

Rhaid cydnabod yr holl wybodaeth ychwanegol a lluniau a ddaeth i law gan Lyfrgell Genedlaethol Cymru, Glenys a Wil, Selwyn a sawl unigolyn arall o Ben Llŷn.

Ymhellach o gartref, gwerthfawrogais y cysylltiad uniongyrchol gyda Dan Hancock, Kai Steenbuck, Alan Clayton, Klaus-Peter Pohland ac Ine Wenckebach (Clausen gynt). Roedd y wybodaeth ganddynt hwy yn amhrisiadwy.

Yn olaf, ond nid y lleiaf, diolch i'm teulu am fod yna.

Si hei lwli 'mabi,
mae'r llong yn mynd i ffwrdd.
Si hei lwli 'mabi,
mae'r capten ar y bwrdd.
Si hei lwli, lwli lws,
cysga, cysga 'mabi tlws.
Si hei lwli 'mabi,
mae'r llong yn mynd i ffwrdd.

Hwiangerdd draddodiadol Gymreig

Guten Abend, gut' Nacht,
mit Rosen bedacht,
mit Näglein besteckt,
schlupf unter die Deck:
Morgen früh, wenn Gott will,
wirst du wieder gewecht,
Morgen früh, wenn Gott will,
wirst du wieder geweckt.

*'Wiegenlied', un o hwiangerddi enwocaf yr Almaen,
a gyfansoddwyd gan Johannes Brahms yn 1868*

Dyma un cyfieithiad Saesneg diweddarach:

Good evening, good night,
With roses covered,
With cloves adorned,
Slip under the covers.
Tomorrow morn, if God wills,
You will wake again.
Tomorrow morn, if God wills,
you will wake again.

Cynnwys

Rhagair

STORI HANESYDDOL WIR sydd yma am ddau o bobl yn bennaf. Gyda'i wreiddiau yn Aberdaron, yn ŵr ifanc penderfynodd James Parry ddilyn gyrfa ar y môr, gan deithio i bellteroedd byd yn y Llynges Fasnach. Ganwyd Asmus Nikolai Clausen yn nhref arfordirol Flensburg, yng ngogledd yr Almaen. Dilyn gyrfa ar y môr wnaeth yntau hefyd, ond gyda hyfforddiant ac uchelgeisiau tra gwahanol. Serch hynny, mewn llawer ystyr roedd cwrs eu bywyd yn debyg. Gadawodd y ddau eu haelwydydd a'u teuluoedd am gyfnodau hir, heb wybod beth fyddai eu hynt a'u helynt, a heb sicrwydd y byddent yn gweld eu hanwyliaid fyth wedyn. Gwelodd y ddau erchylltra dau Ryfel Byd. Cawn yma hanes eu cefndiroedd, eu teuluoedd, a theithiau eu bywyd, nes yn y diwedd i'w llwybrau groesi.

James Parry

Aberdaron

YN ABERDARON Y ganwyd James Parry ar 15 Ionawr 1894. Er mai plentyn ydoedd ar droad yr ugeinfed ganrif, roedd yr heli'n barod yn ei waed. O'i ystafell wely yn y tŷ teras bach ar allt Pensarn byddai'n deffro yn y bore i sisial y tonnau'n torri'n ddi-baid ar y traeth yn Aberdaron – sŵn y trai a'r llanw yn un diwn gron ddiddiwedd ond cyfareddol. Ar sawl noson arall cafodd ei gadw'n effro gan ru'r stormydd yn chwipio ar draws bae Aberdaron, gan ysgwyd ei ffenestr yn ddidostur. Ar amseroedd fel hyn, yng ngolau cannwyll, mor ddiolchgar oedd o i wthio i ddiogelwch cynnes côl ei fam, a hithau'n ei siglo'n ofalus i eiriau rhyw hwiangerdd neu'i gilydd – cymysgedd o eiriau'n golygu dim, a rhai yn mynd at galon y berthynas rhwng mam a'i phlentyn. Roedd sawl cyfnod o drai a phenllanw i ddod i rawd James.

Adeiladwyd y teras o bum tŷ yn chwedegau'r bedwaredd ganrif ar bymtheg, mewn man hudolus, ar un o'r gelltydd yn arwain o bentref Aberdaron. Tai twt, dau lawr oeddent. Dau frawd, Jason a Tomos Jones, oedd berchen y rhan fwyaf ohonynt. Yn ddiweddarach daeth Tomos Jones a'i wraig Mary yn berchen ar rif 1, a Jason a'i wraig yn berchen ar 2, 3 a 4 yn uwch i fyny'r allt. Roedd un o weithdai crydd y pentref ar ben y rhes yn y top ac yno y gwelid sawl crydd yn brysur yn gwadnu a sodli esgidiau hoelion i bobl y fro. Agorwyd siop gwerthu esgidiau wrth ochr y gweithdy. Go brin fod ardal fwy Cymreig yn unman yng Nghymru, a Chymraeg oedd iaith gyntaf bron pawb, os nad yr unig iaith. Rhyfeddol felly i'r rhes o dai gael ei galw'n Seaview Terrace! Newidiwyd yr enw i Pensarn o fewn y degawd. Tai rhent oedd y rhan fwyaf, a theuluoedd cyffredin oedd yn byw ynddynt. Yn ystod y cyfnod hwn buont yn gartrefi i gryddion, saer maen, groser, glöwr a llawer un arall.

Dau gam o ddrws ffrynt 2 Pensarn, a thrwy'r giât fechan, a byddai James yn sefyll ar yr allt, ac yn gweld yr holl bentref oddi tano. I'r dde roedd y ffordd yn arwain i fyny rhyw ddwy filltir i Uwchmynydd – pen draw Llŷn go iawn, ac ardal ble roedd amryw o'i deulu wedi byw dros y blynyddoedd. Ychydig gamau i fyny'r allt, roedd troad i'r dde, a phrin hanner milltir i ffwrdd safai capel Deunant, capel y Methodistiaid

Pentref Aberdaron (tua 1890). Gwelir gallt Pensarn gyda'r teras bach yn y cefndir a'r iard lo yn y tu blaen.

(Trwy ganiatâd www.penllyn.com)

Calfinaidd. Capel gweddol newydd oedd hwn ym mhlentyndod James, wedi'i adeiladu yn 1895 ar dir fferm Deunant yng nghysgod bryncyn bach, er ei fod wedi'i sefydlu flynyddoedd ynghynt yn 1860. Capel bach digon disylw ydoedd o'r tu allan, ond yn hardd o'r tu mewn. Doedd dim festri yn rhan o'r adeilad, ond roedd Tŷ Capel wrth ei ochr. Hwn oedd capel teulu James, ac yn fan a fyddai'n rhan annatod o hanes ei deulu am flynyddoedd maith. Am ddegawdau troediodd degau o aelodau'r teulu yn eu dillad gorau drwy un o'r ddau ddrws, heibio'r sêt fawr i wyneb y gynulleidfa, ac i'w seddi penodedig.

Rhyw ddau gan llath ymhellach ar hyd y ffordd, safai ysgol gynradd Deunant, eto wedi'i hadeiladu ar dir fferm Deunant. Er nad oes cofnod o enwau disgyblion yr ysgol yn ystod y cyfnod hwn, mae'n sicr mai yma y cafodd James ei addysg gynnar, taith o ryw hanner milltir o'i gartref yn 2 Pensarn. Yr oedd cynllun o leoliad arfaethedig ysgol Deunant yn bodoli ers 1875 ac fe'i hagorwyd am y tro cyntaf ar 19 Ionawr 1880, gyda dim ond deg disgybl yn bresennol. Yn negawd olaf y bedwaredd ganrif ar bymtheg, ac ym mhlentyndod James, Richard Davies oedd y prifathro, ac yn ddiweddarach Hugh Hughes. Buan y tyfodd nifer y disgyblion, ac erbyn diwedd y ddegawd yr oedd cymaint â 112 wedi'u cofrestru. Serch hynny, siomedig oedd eu presenoldeb, ac ar gyfartaledd dim ond rhyw dri chwarter o'r nifer fyddai'n mynychu'r ysgol. Roedd afiechydon fel y frech goch, y pâs a chlwy'r pennau yn gyffredin bryd hynny, a byddai'r ysgol o'r herwydd yn cau am gyfnodau cyn hired â phythefnos weithiau. Er mai Cymry bron yn uniaith Gymraeg oedd y disgyblion, Saesneg oedd prif iaith y dosbarth, gyda gwersi neilltuol mewn *English, Arithmetic, Geography, History, Elementary Science, Sewing, Drawing and Needlework*. Bu newidiadau sylweddol i'r adeilad yn 1909, dan reolaeth y Cyngor Sir.

Yn amlach na pheidio anelu i lawr gallt Pensarn o'i gartref i'r pentref wnâi James, y plentyn. Ar waelod yr allt, ac ychydig i'r chwith ar lan afon fechan Cyll-y-Felin, safai Gladstone a lleoliad gefail brysur y pentref.

Ychydig ymhellach roedd capel yr Annibynwyr, Cephas, a adeiladwyd yn 1829. Fe'i disgrifiwyd fel capel bychan, tlws, gyda seddau i gant o addolwyr. Ond mae'n debyg mai gwan iawn oedd yr achos yma, ac erbyn heddiw mae'r adeilad wedi hen ddiflannu. I'r dde roedd y ffordd yn arwain at ganol y pentref ac i gyffordd. Yma roedd afonydd Cyll-y-Felin a Daron yn cyfarfod ym Mhwll Siop cyn rhedeg i fae Aberdaron. Byddai James wedi treulio oriau difyr gyda'i gyfeillion yn pysgota ac yn chwarae o gwmpas y pwll – doedd y pwll ddim mwy nag ychydig o lathenni ar ei draws, ac yn lle digon diogel ar y cyfan. Yma hefyd y deuai rhai o ferched y pentref i olchi eu dillad. Pur anaml y byddai llifogydd mawr i achosi perygl. I groesi'r ddwy afon codwyd dwy bont, Pont Fawr a Phont Fach, yn 1823, gan roi nodwedd unigryw i'r pentref fyddai'n parhau ymhell i'r dyfodol.

O edrych yn syth i'r chwith o'r gyffordd byddai James yn gweld un o

Yr olygfa o bentref Aberdaron o gyfeiriad gallt Pensarn tua diwedd y 19eg ganrif. Eglwys Sant Hywyn yn y cefndir. Ychydig yn is yn y llun mae odyn galch, yn agos at y traeth.
(Trwy ganiatâd www.rhiw.com)

westai'r pentref, y Pretoria Temperance Hotel. Yma hefyd roedd groser a gwerthwr nwyddau. Ymhellach gwelai un o'r tair gallt yn arwain o'r pentref. Hon oedd y brif ffordd i gyfeiriad Pwllheli. O daro'r llygad ar waelod yr allt roedd yr hen felin ddŵr oedd yn hanfodol i drigolion y cylch. Roedd dŵr o afon Daron yn cael ei gronni mewn llyn y tu cefn i'r felin, ac yna'i ollwng trwy fflodiart pan fyddai angen troi'r olwyn ddŵr. Deuai ffermwyr ardal Aberdaron ac Ynys Enlli â'u hŷd i'w falu yn y felin, ac yna deuai'r trigolion lleol i nôl y blawd. Parhaodd yr hen felin i droi hyd at ganol yr ugeinfed ganrif. Yn amser James roedd iard lo fawr yn agos i'r felin – byddai'r glo yn cael ei gludo oddi ar longau a fyddai wedi eu hangori ym mae Aberdaron, ac oddi yno ei ddosbarthu i drigolion yr

Afonydd Cyll-y-Felin a Daron yn cyfarfod ym Mhwll Siop. Mae'r hen felin yn y cefndir. Tua 1885.
(Trwy ganiatâd Llyfrgell Genedlaethol Cymru)

ardal. Ychydig ymhellach i fyny ar lan afon Daron safai gefail arall, Refail Bella.

O droi i'r dde ar y gyffordd safai Bellfield, sef siop ar gongl Henfaes. Mae cofnod fod gŵr o'r enw Capten David McNeil a'i deulu yn byw yn Bellfield yn ystod diwedd y bedwaredd ganrif ar bymtheg. Disgrifir McNeil fel groser a dilledydd. Gwesty oedd Henfaes, ac mae disgrifiad cynnar ohono fel y Bell Field Temperance Hotel.

Ar ôl croesi'r bont tros afon Daron, byddai James yn cyrraedd llediad yn y ffordd a oedd yn creu sgwâr i farchnad fechan. I'r dde safai y Gegin Fawr, adeilad yn tarddu o'r drydedd ganrif ar ddeg ac yn gegin gymunedol i'r pererinion ar eu taith i Ynys Enlli. Dyma'r cyfle olaf iddynt gael gorffwys

Y bont yn arwain at sgwâr y farchnad fechan. Y Gegin Fawr ar y dde i'r sgwâr. Tua 1875.
(Trwy ganiatâd Llyfrgell Genedlaethol Cymru)

a lluniaeth cyn croesi dyfroedd peryglus Swnt Enlli. Dros y ffordd roedd tafarn, y Ship Public House, ac yn ystod plentyndod James, Mary Jones oedd y dafarnwraig. Roedd y sgwâr yn fan prysur a phoblogaidd. Mae sawl hen lun yn dangos oedolion a phlant yn ymgynnull, a hyd yn oed rhai ar gefn mulod! Yma hefyd oedd pen y daith i wasanaeth cludo Tocia rhwng Pwllheli ac Aberdaron. Roedd y cwmni yma eisoes yn rhedeg gwasanaeth coets fawr cyn iddynt ddechrau rhedeg bysus. Gallai trigolion Aberdaron deithio'n ddyddiol i Bwllheli gyda chwmni Tocia Motor Omnibus, a fyddai'n costio dau swllt i oedolyn yn 1914. Roedd y cwmni wedi'i sefydlu ar safle rhwng pentrefi Rhoshirwaun a Phenygroeslon, rhyw bedair milltir o Aberdaron ar y brif ffordd i Bwllheli.

Roedd y ffordd yn troi'n sydyn i'r chwith ym mhen draw'r sgwâr, gan arwain at y drydedd allt allan o Aberdaron, i gyfeiriad y Rhiw, pentref ryw ddwy neu dair milltir i ffwrdd. Ar waelod yr allt safai Eglwys Sant Hywyn. Sefydlwyd eglwys yn y fan hon yn y chweched ganrif. Tros y canrifoedd, nid yn unig roedd hon yn ganolfan i drigolion lleol addoli, ond hefyd roedd yn sefydliad o bwys, yn fynachlog ac yn ganolfan addysg grefyddol. Ond yn rhyfedd iawn roedd cloch Eglwys Sant Hywyn wedi tewi yn ystod plentyndod James. Roedd yr eglwys wedi dirywio ac fe'i caewyd yn 1841. Er iddi gael ei hadeiladu'n wreiddiol bellter diogel oddi wrth y môr, dros y canrifoedd roedd erydiad sylweddol wedi digwydd, gan beryglu'r eglwys a'r fynwent. Roedd hanesion, ar y stormydd gwaethaf, i'r tonnau dorri dros y beddi gan lusgo'r eirch a'r cyrff i'r môr. Adeiladwyd wal sylweddol ar fin y traeth i arbed yr eglwys a'r fynwent, ond nid oedd hyn yn ddigonol i leddfu'r ofnau. Dechreuodd yr eglwys ddadfeilio. Penderfynwyd adeiladu eglwys arall, sef Eglwys Newydd, gryn filltir o'r pentref ar dir Bodernabwy. Peth anarferol iawn oedd i eglwysi newydd gael eu codi yn ystod y cyfnod hwn. Er iddi fod yn eglwys y plwyf am 65 mlynedd, ni fu'n boblogaidd. Nid oedd y plwyfolion yn hoff o bensaernïaeth yr adeilad. Erbyn 1906 roedd Eglwys Sant Hywyn wedi'i hatgyweirio, a hynny trwy haelioni teulu stad Carreg ger Aberdaron, ac, yn ôl ambell i ffynhonnell, yr Arglwydd Penrhyn. Adeiladwyd morglawdd newydd hefyd. Ar 10 Gorffennaf 1906 ail-gysegrwyd Eglwys Sant Hywyn gan Esgob Bangor, ac fe'i hailagorwyd ar gyfer addoli cyhoeddus. Ychydig o ddefnydd a fu ar Eglwys Newydd ar ôl hynny, ar wahân i wasanaethau priodas. Bu'r gwasanaeth priodas olaf yno ar 14 Tachwedd 1942. Mae'r fynwent serch hynny yn cael ei defnyddio hyd heddiw.

Traeth tywodlyd Aberdaron fyddai'r prif atyniad i James. Ychydig gamau ymlaen o sgwâr y pentref, heibio i siop y cigydd, a rhwng dwy res o dai, byddai'n cael golygfa berffaith o'r bae o Ben yr Odyn. Yma safai un o ddwy odyn galch Aberdaron, er nad oeddent yn cael eu defnyddio yn amser James. Yn ystod y ddeunawfed ganrif roedd calchfaen o ansawdd da yn cael ei gloddio yn y pentref. Roedd calchfaen yn cael ei fewnforio i'r traeth hefyd, yn cael ei ollwng i'r môr ar lanw, ac yna'n cael ei gludo i dir sych ar y trai. Roedd angen calch i ostwng asidedd y pridd ar ffermydd lleol, ac felly adeiladwyd sawl odyn ar draethau cyfagos yn ogystal ag Aberdaron er mwyn gwella tiroedd yr ardal.

O'i flaen, yn amlach na pheidio, fe welai James nifer o gychod a llongau hwyliau bychain ar y traeth. Yn ystod y ddeunawfed a'r bedwaredd ganrif ar bymtheg roedd Aberdaron wedi datblygu'n ganolfan adeiladu llongau ac yn borthladd bychan ond pwysig. Daeth cloddio a chwarelu'n ddiwydiannau o bwys. Roedd calchfaen yn cael ei allforio hefyd, yn ogystal â phlwm, maen iasbis (jasper) a manganîs. Roedd y maen iasbis yn cael ei gloddio yn Carreg ger yr arfordir yn ardal Anelog, ac yn y Rhiw, daeth cloddio am fanganîs â chyflogaeth lewyrchus. Yn yr ardal yma agorwyd pum gwaith manganîs rhwng 1827 ac 1945. Gwaith Mango oedd yr enw Cymraeg a ddefnyddid ar y gweithfeydd manganîs yn Llŷn a Meirionnydd. Mae hanesion bod manganîs yn cael ei gario ar fulod i Borth Cadlan yn gyfagos, ac oddi yno ei allforio ar longau hwyliau bychain. Adeiladwyd glanfa allan i'r môr ym Mhorth Ysgo, yn ardal y Rhiw, rhwng 1902 ac 1903.

Erbyn 1918 roedd pum llong yr wythnos yn gadael y lanfa am Ellesmere Port. Yr oedd hyd yn oed rheilffordd fechan a thrên i gario'r manganîs o chwareli'r Rhiw i Borth Ysgo erbyn 1906. Y flwyddyn honno cloddiwyd 17,300 tunnell o fanganîs, ac roedd gweithlu o tua 200. Roedd manganîs yn cael ei doddi i mewn i ddur er mwyn cryfhau'r dur. Roedd sawl diben i'r amalgam, ond yn arbennig i adeiladu llongau. Yn eironig, gwrthododd Prydain ddefnyddio manganîs, ond yr oedd yr Almaen yn barod i brynu cymaint ag y gallent, nes iddo redeg allan yn ystod y Rhyfel Mawr yn 1918. Ar ddechrau'r Ail Ryfel Byd gorfodwyd llywodraeth Prydain i ddefnyddio manganîs cartref i'r diwydiant dur. Daeth gweithfeydd y Rhiw dan ofal y Weinyddiaeth Gyflenwi. Mae hanes diddorol bod perchnogion gwaith manganîs y Rhiw wedi erfyn am ganiatâd i ymestyn y rheilffordd o Bwllheli i'r Rhiw yn 1919, ac wedi gwneud hynny trwy'r Aelod Seneddol lleol Major Charles Breeze. Gwrthodwyd y cais!

Llong yn dadlwytho ar draeth Aberdaron, tua 1910. Porth Samdda yn y pen draw, ble mae glanfa'n rhedeg i'r môr. Gallt Pensarn yn y cefndir ar y dde – rhif 2 ydi'r ail o waelod y teras.
(cimwch.com)

Mae'n anodd credu heddiw fod glanfa i'r môr o draeth Aberdaron yng nghyfnod plentyndod James. Gallai weld hon draw i'r dde o Ben yr Odyn, ym mhen draw'r traeth ym Mhorth Simdde (Porth Samdda ar lafar). Gellir gweld olion ohoni hyd heddiw. Fe'i defnyddiwyd ar gyfer gwasanaeth rheolaidd rhwng Aberdaron a Lerpwl. Yn ogystal â'r mwynau, roedd cynnyrch amaethyddol hefyd yn cael ei allforio. Roedd hyn yn cynnwys gwlân – yn enwedig felly fel ffelt, moch, dofednod ac wyau. Deuai'r llongau yn ôl yn llawn o lo i'r gymdogaeth leol. Ond roedd prif incwm Aberdaron yn dod o bysgota, ac yn enwedig o bysgota penwaig. Doedd dim syndod bod cymaint o gychod pysgota i'w gweld ar y traeth.

Yn 1901 roedd poblogaeth Enlli yn 124. Roeddent yn byw bywyd cyfforddus, yn cael incwm sylweddol o grancod, cimychiaid a physgod. Doedd dim trethi na degwm ar yr ynys. Roedd sawl fferm fechan arni, ac 11 tŷ, wedi'u hadeiladu rhwng 1870 ac 1875. Roedd ysgol, capel a mynachdy, ond dim melin, gof, siop, na thafarn, a dim crydd na theiliwr. Dim rhyfedd felly ei bod hi'n hanfodol cael gwasanaeth rheolaidd rhwng Aberdaron ac Enlli.

Go brin y byddai'n bosibl cyrraedd Porth Samdda o gyfeiriad Pen yr Odyn heb dynnu esgidiau a sanau, gan fod aber afon Daron yn rhwystr, hynny yw, os na fyddai James yn neidio'n ofalus o garreg i garreg pan fyddai'r lli ar drai. Yn y pen draw ger y lanfa roedd afon fechan arall, afon Saint, yn rhedeg i'r môr. Yn ei gwarchod roedd clogwyni serth yn ymestyn draw ar hyd Trwyn Pen. Yn ystod magwraeth James safai Tŷ Tan Rallt ar fin y clogwyn uwchben Porth Samdda, mewn man digon anghysbell. Oddi yno nid oedd golygfa well i'w chael o fae Aberdaron. Erbyn heddiw adfeilion yn unig sydd ar ôl.

Wrth edrych uwchben Tŷ Tan Rallt, gyda rhywfaint o arswyd, câi James gipolwg o Fryn y Crogbren, bryncyn bach ar dir Cwrt, stad oedd dan lywyddiaeth Abad Enlli. Llys yr Abad oedd enw cynnar Cwrt, ac o'r fan hon yr oedd mynachlog Enlli a'i heiddo ar y tir mawr yn cael eu gweinyddu. Byddai James yn ymwybodol o hanes yr Abad yn teithio o fynachlog Ynys Enlli i farnu troseddwyr lleol, ac o'u canfod yn euog, goruchwylio eu crogi yn y fan a'r lle. Mae'r Parch. John Owen yn sôn yn ei gyfrolau *Hanes Cymru*, 1875, fod carchardy ar fferm Cwrt, a bod y crogi, sef y gosb eithaf, yn cael ei weithredu ar ran uchaf y tir, fel 'ei fod yn amlwg i olwg yr holl wlad fel rhybudd.' Mae hen fapiau yn dangos ei fod gerllaw Pwll Diwaelod. Man i gadw draw oddi wrtho oedd hwn i James!

Rhedai llwybr ymlaen heibio Tŷ Tan Rallt i gyfeiriad Porth Meudwy, yn llwybr digon peryglus, yn enwedig i blentyn. Yn draddodiadol dyma'r fan ble gadawai'r pererinion am Enlli. Roedd y porthladd bach yn fwy cysgodol iddynt, ac i'r pysgotwyr hefyd yn hytrach na thraeth agored Aberdaron. Ymhellach eto ar hyd y penrhyn roedd Porth y Pistyll, neu Trwyn Dwmi i bobl leol. Agorwyd chwarel wenithfaen yma yn 1907. Bwriad y gwaith oedd naddu'r cerrig i wneud cerrig cwrb, a rheini wedyn yn cael eu defnyddio i greu pafin, strydoedd a phalmentydd. Adeiladwyd dau harbwr bach i alluogi i longau lwytho. Ar un adeg roedd 45 yn gweithio yn y chwarel. Ond menter aflwyddiannus fu hon ar y cyfan, yn rhannol oherwydd safle isel yr harbwr, oedd yn achosi i'r môr gario cerrig i mewn iddo. Roedd yn arbennig o anodd cyrraedd y gwaith. Rhaid oedd cerdded i lawr llwybr serth iawn ac yna dringo i lawr ysgolion. Caewyd y gwaith, er bod sôn iddo agor eto am gyfnod yn ystod tridegau'r ugeinfed ganrif.

Roedd rhywbeth rhamantus ynglŷn â'r ffaith na allai James weld Ynys Enlli y tu hwnt i Drwyn Pen o draeth Aberdaron. Roedd y straeon amdani yn fyw yn ei ddychymyg, ond roedd rhaid iddo fynd i ben draw Uwchmynydd, o ble roedd aelodau o'i deulu yn hanu, i'w gweld yn ei gogoniant.

O edrych i'r chwith o Ben yr Odyn gallai James weld i Ben Draw'r Wig, y rhan garegog o'r traeth, ac uwch ei phen Trwyn Penrhyn, yn ymestyn fel braich arall i Fae Ceredigion. Ac fel petai'r fraich yn ceisio'i gorau i gyfarfod Trwyn Pen a chofleidio bae Aberdaron, roedd dwy ynys fechan, Ynysoedd y Gwylanod, yn ymestyn ymhellach i'r tonnau.

Wrth syllu tua'r gorwel o'i flaen, ni allai James ond synfyfyrio am yr hyn oedd y tu draw iddo. I ba bellafoedd daear yr hwyliai'r llongau? Pa wledydd oedd yn aros i'w darganfod? A fyddai ef ryw ddydd yn cael y cyfle i groesi'r llinell bell? Pa antur oedd yn ei ddisgwyl yn y dyfodol? A fyddai'n barod i adael diogelwch ei deulu, ei gyfeillion a'i gartref?

Roedd cwrs bywyd James wedi'i ddylanwadu gan bobl Aberdaron. Sut bobl oedd y rhain? Yn 1897 ymwelodd John Thomas (1838-1905), y ffotograffydd enwog, ag Aberdaron, gan aros yno i dynnu lluniau ac i gyfarfod y trigolion. Roedd John Thomas wedi teithio hyd a lled Cymru yn tynnu lluniau, ac wedi sefydlu cwmni llewyrchus, Cambrian Gallery. Ysgrifennodd erthygl, yn cynnwys lluniau o'r trigolion, yn y cylchgrawn *Cymru* (15 Chwefror 1897) am ei brofiadau yn y pentref. Ar ôl ymweld â mynwent Sant Hywyn, mae'n disgrifio pobl Aberdaron fel hyn:

Wedi blino ymysg y meirw, aethum am dro i weled y bywolion, ac yn un o'r heolydd gwelwn amryw o hen wŷr a hen wragedd yn eistedd ar ddarn o *winch* llong, sef rhan o froc môr. Wedi holi beth oedd hyn, dywedasant wrthyf mai dyna "Senedd" Aberdaron, ac mai yno y trinid achosion y wlad a'r dref. Nid oedd y Ty yn eistedd yr amser hynny, gan fod amryw o'r aelodau wedi mynd i chwilio am fwyd a diod, ond yr oeddynt oll, neu y rhan fwyaf ohonynt, o fewn cyrraedd. Gofynnais innau ar unwaith a gawn i yr anrhydedd o dynnu darlun o'r "Senedd". Atebodd y Llefarydd yn union y cawn, os gwnawn am ddim. Wedi i'r chwip seneddol gael yr awgrym dyma gyrchu'r holl aelodau fedrai roddi eu presenoldeb, ac yn eu plith chwi welwch amryw o wragedd, yn dal i wau eu hosanau, rhag gwastraffu dim amser. Cafwyd presenoldeb ceidwad y pwrs a'r caplan a'r melinydd, yn eu dillad gwaith, a'r cryddion a'r siopwyr yn syth oddiwrth eu gorchwylion, – ac felly cymerwyd y darlun. Chwi welwch fod merched yn cael cynrychiolaeth yn y Senedd yma, dyma awgrym i wŷr mawr Llundain i efelychu Aberdaron.

Y mae pobl y lle yma yn dal yn dyn at yr hen ddull o fyw. Yn wir, y maent fel pe yn erbyn pob gwelliant diweddar. Mae tipyn o drafnidiaeth rhwng yma ac Ynys Enlli, yn enwedig ar amser pysgota, a bydd cychod mawr yn dod a'r nwyddau drosodd, ond nid oes yma yr un cyfleustra i landio y cychod hynny, dim ond dod a hwy mor agos ac y gallant i'r lan ar y traeth, a'r naill ddyn yn cario un arall trwy y feisdon. Bydd golygfa ryfedd i'w chanfod weithiau pan y bydd moch a gwartheg yn cael eu hel i'r lan, dim ond eu gwthio i'r môr a'u gyrru i'r traeth. Bydd tipyn o ysgarmes yn digwydd weithiau pan fydd afresymolion yn methu deall y rhesymolion, ond anaml y bydd dim neilltuol iawn yn digwydd. Nid oes yno yr un ty newydd wedi ei adeiladu yn ystod y deng mlynedd diwethaf. Pa le hyd yn oed yng *Nghymru lonydd* all ddyweyd peth fel yna. Ond mae y trigolion yma yn hollol dawel a bodlon. Yn wir, pan fydd ryw sibrwd fod rhywrai yn dod yma gan feddwl bildio, mae y Senedd, neu ryw bwyllgor arall, yn eistedd ar yr achos yn y fan, a'r penderfyniad a ddeuir iddo yw nad oes mo'i eisieu. Mae yma, yn barod, ddwy eglwys, tri chapel, tair tafarn, pedair o siopau cryddion, siop y saer, melin, post a thelephon a siopau bwyd a dillad bron bob yn ail ddrws. A chwedl un o aelodau y Senedd, beth yn ychwaneg sydd eisieu?

Ond na feddylied neb mai pobl frwnt, angharedig, ddigroeso sydd yn byw yma. O na, y rhai "clenia" welsoch chwi erioed ydynt, ond i chwi gyd-ddwyn a'u dull cyntefig o fyw a bod. Ond os y byddwch yn disgwyl gweled pan gyrhaeddwch yno – uwch ben y tai, – "Refreshment Rooms", "Hot Water", "Ham and Eggs" – cewch eich siomi yn fawr. Ond nid peth anhawdd i chwi gael bwyd a diod a lletty yno, a chofiwch fynd a'ch Cymraeg gyda chwi yno, oblegid mae yn lled debyg y tarewch wrth amryw yn y dref a'r wlad honno heb fedru yr un iaith arall.

Yn ddiweddarach yn yr erthygl mae John Thomas yn ysgrifennu:

Y peth sydd yn eich synnu yn fawr mewn lle pell fel yma ydyw, mor ychydig y maent yn ei ddefnyddio o bethau cartrefol, hynny ydyw o gynyrchion naturiol y lle, megis brethyn cartref, bara haidd, cig moch a phethau felly. Ond anaml iawn y gwelwch wisg dyn na dynes wedi ei wneyd o wlan y ddafad, rhaid i'r dynion gael y *superfine cloth* goreu i wneud siwt o ddillad, a'r toriad yn ol ffasiwn Llundain. Ac am y merched, gwarchod ni, rhaid cyrchu sidanau o China, perlau o'r India, plu o Ynysoedd Môr y De, a'r blodau ynghyd a'r cynlluniau diweddaraf o Paris – peidiwch son am ddillad merch bellach o stwff cartref.

Mae bwydydd wedyn yn lled debyg, anamal iawn y gwelir y dorth haidd a'r bara ceirch. O na, rhaid cael y bara gwyn goreu. Er fod yn rhaid i hwnnw ddod yr holl ffordd o Galiffornia; ac am gig moch cartref, peidiwch a son am dano – ni chewch bwys o hono am unrhyw bris yn un o siopau Aberdaron. Pan aethum yno ryw ddiwrnod i chwilio am beth, bu agos i'r siopwr chwerthin am ben fy anwybodaeth yn gofyn am y fath beth. "Wel" meddwn innau, "onid yw pobl y wlad yma yn pesgi moch?" "O ydynt, lawer iawn," meddai. "Pa le felly mae y *bacon?*" Ei ateb oedd, – "Yng ngwlad y Saeson,

Senedd Aberdaron, 1896. Tynnwyd y llun gan John Thomas ac fe ymddangosodd yng nghylchgrawn Cymru yn 1897. Emmanuel Parry (taid James) yw'r pedwerydd o'r dde.
(Trwy ganiatâd Llyfrgell Genedlaethol Cymru)

bydd ffermwyr y wlad yma yn gwerthu eu moch tewion i'r porthmon a hwnnw yn eu cludo i Birmingham neu rai o drefydd Lloegr, ac yno yn eu lladd a'u gwerthu i'r siopwyr Seisnig. Felly bydd y ffarmwr yn cael tipyn o arian yn swm gyda'u gilydd at ei rent neu ryw ofynion ereill, ac yn prynnu *American Bacon* gennyf fi at iws y ty."

Un o'r pethau cyntaf a ddaeth i sylw John Thomas pan gyrhaeddodd Aberdaron oedd Eglwys Sant Hywyn, er nad oedd yn cael ei defnyddio yr amser hwnnw, ond yn cael ei hatgyweirio. Mae'n nodi: 'Y mae hen ŵr yn fyw heddyw (Mr. Emmanuel Parry) yn cofio symud ymaith y darn olaf o'r *manger* a osodwyd yn yr eglwys yn amser rhyfeloedd Cromwell i borthi meirch y milwyr.' Yr oedd Emmanuel Parry yn daid i James. Tybed wnaeth James, yn fachgen tair oed, gyfarfod â John Thomas hefyd?

Er pellenigrwydd daearyddol Aberdaron, mae'n amlwg bod ei thrigolion yn bobl brysur, ddiwylliedig oedd yn ymwybodol o hynt a helynt y byd mawr tu hwnt i'w cylch bychan. Roedd y gymdeithas yn glos. Roedd brwdfrydedd am gael neuadd bentref, a gwireddwyd hyn yn ystod ail ddegawd yr ugeinfed ganrif. Fe'i hadeiladwyd gyda sinc yng nghysgod gallt Pensarn, ac yn agos at gapel Cephas. Mae'n debyg i sawl gŵr a gwraig enwog gael eu denu yno. Ar 20 Awst 1913 ymwelodd Margaret Lloyd George, gwraig y darpar Brif Weinidog, â ffair yn y pentref er budd y neuadd newydd. Defnyddiwyd y neuadd yn rheolaidd am dros hanner can mlynedd cyn iddi gael ei thynnu i lawr yn y diwedd.

Yn ôl cyfrifiad 1901, roedd 1,119 o boblogaeth yn ardal Aberdaron, rhyw 200 yn fwy nag ydyw heddiw. Roedd crefydd yn bwysig iddynt. Ar ddechrau'r bedwaredd ganrif ar bymtheg roedd addoli yn eithaf syml. Roedd Eglwys Lloegr yn ddiogel, ac yr oedd o leiaf un man addoliad ym mhob plwyf. Roedd nifer yr Anghydffurfwyr yn fychan, ac yn perthyn i enwadau'r Annibynwyr a'r Bedyddwyr. Ond roedd cyfnewidiad chwyldroadol ar ddigwydd. Roedd y Methodistiaid Calfinaidd yn ffynnu. Erbyn diwedd y bedwaredd ganrif ar bymtheg, ym mhlwyf Aberdaron roedd wyth addoldy. Ar wahân i'r un eglwys Anglicanaidd weithredol, roedd tri chapel Methodistiaid Calfinaidd, dau gapel y Bedyddwyr, un capel Annibynwyr ac un capel Wesleaid.

Ar ddechrau'r bedwaredd ganrif ar bymtheg, roedd ysgol i blant tlawd yn yr ardal, yn symud mewn cylch o flwyddyn yr un rhwng Aberdaron, Llanfaelrhys, Bryncroes a'r Rhiw. Yn dilyn Deddf Addysg 1870 bu gorfodaeth i sefydlu Byrddau Ysgol Lleol, gydag aelodau etholedig â hawl i godi trethi i gynnal eu hysgolion. Roedd ganddynt hawl hefyd i orfodi plant i fynychu'r ysgolion. Roedd hyn yn fygythiad i annibyniaeth y blaid Eglwysig, ond yn cael ei gefnogi gan yr Anghydffurfwyr. Gwan oedd y gefnogaeth i ffurfio'r byrddau yn wirfoddol mewn ardaloedd gwledig. Roedd y ffermwyr yn ofni'r dreth newydd, ac yn ofni colli llafur rhad y plant. Yn y diwedd bu raid i Lundain sefydlu bwrdd addysg trwy orfodaeth yn Aberdaron, ac mewn amryw o blwyfi eraill trwy Sir Gaernarfon. Roedd y 'Welsh Not' yn dal mewn grym yn 1870, ac i barhau am ugain mlynedd wedyn, cyn i'r Gymraeg ddechrau dod i'r ysgolion, er iddi fod yng nghysgod y Saesneg am gyfnod maith. Erbyn 1900 roedd 80% o blant Sir Gaernarfon yn mynychu'r ysgol yn rheolaidd am o leiaf chwe blynedd.

Hynafiaid James Parry

Roedd gwreiddiau James Parry yn ddwfn ym mhen draw Llŷn, a gellir olrhain ei achau yn ôl sawl cenhedlaeth.

Taid ei daid oedd Henry (neu Harry) James. Priododd Henry gydag Anne Griffith yn 1762 ym mhlwyf Aberdaron. Ganwyd iddynt saith o blant, sef Griffith, Griffith, Catherine, Catherine, John, James*[1] a Margaret. Mae'n

---

[1] Nodir y James Parry yma gyda * i'w wahaniaethu oddi wrth James Parry, ei or-ŵyr.

Llinach Deulu James Parry

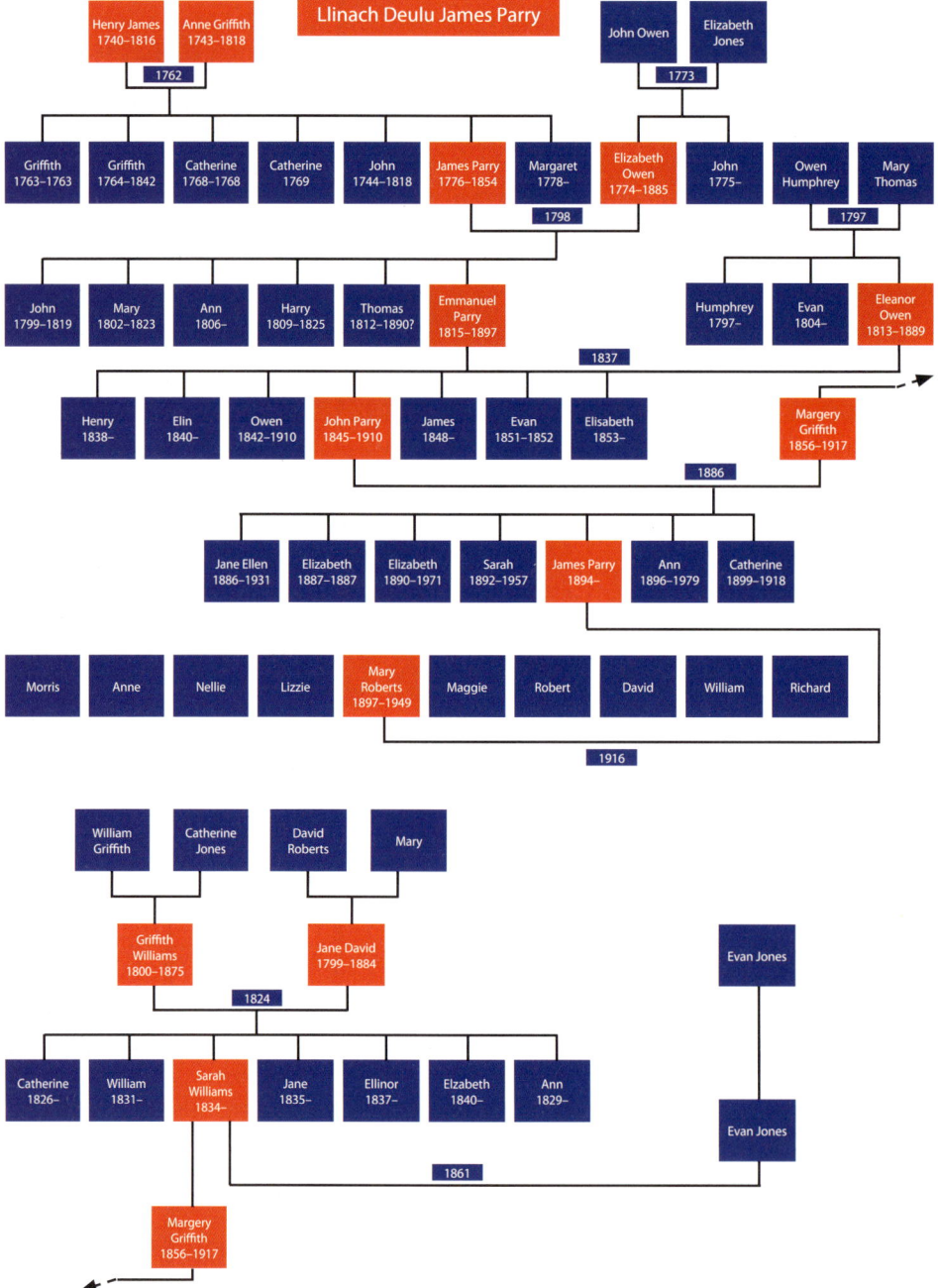

Henry James 1740–1816 & Anne Griffith 1743–1818 — 1762

- Griffith 1763–1763
- Griffith 1764–1842
- Catherine 1768–1768
- Catherine 1769
- John 1744–1818
- James Parry 1776–1854
- Margaret 1778–

John Owen & Elizabeth Jones — 1773

- Elizabeth Owen 1774–1885
- John 1775–
- Owen Humphrey & Mary Thomas — 1797

James Parry 1776–1854 & Elizabeth Owen 1774–1885 — 1798

- John 1799–1819
- Mary 1802–1823
- Ann 1806–
- Harry 1809–1825
- Thomas 1812–1890?
- Emmanuel Parry 1815–1897

Owen Humphrey & Mary Thomas — 1797

- Humphrey 1797–
- Evan 1804–
- Eleanor Owen 1813–1889

Emmanuel Parry 1815–1897 & Eleanor Owen 1813–1889 — 1837

- Henry 1838–
- Elin 1840–
- Owen 1842–1910
- John Parry 1845–1910
- James 1848–
- Evan 1851–1852
- Elisabeth 1853–

John Parry 1845–1910 & Margery Griffith 1856–1917 — 1886

- Jane Ellen 1886–1931
- Elizabeth 1887–1887
- Elizabeth 1890–1971
- Sarah 1892–1957
- James Parry 1894–
- Ann 1896–1979
- Catherine 1899–1918

James Parry 1894– & Mary Roberts 1897–1949 — 1916

- Morris
- Anne
- Nellie
- Lizzie
- Mary Roberts 1897–1949
- Maggie
- Robert
- David
- William
- Richard

William Griffith & Catherine Jones

David Roberts & Mary

Griffith Williams 1800–1875 & Jane David 1799–1884 — 1824

- Catherine 1826–
- William 1831–
- Sarah Williams 1834–
- Jane 1835–
- Ellinor 1837–
- Elzabeth 1840–
- Ann 1829–

Evan Jones — Evan Jones

Sarah Williams 1834– & Evan Jones — 1861

- Margery Griffith 1856–1917

ymddangos y bu farw rhai o'r plant yn ifanc iawn – digwyddiad nad oedd yn anghyffredin yr oes honno a dyna pam bod y plentyn nesaf o'r un rhyw yn cael yr un enw. Mae cofnod bod y teulu wedi byw yng Nghae Geifr yn ardal Anelog, Aberdaron, am gyfnod eithaf hir. Er mai James oedd cyfenw Henry, a Griffith oedd cyfenw Anne cyn iddi briodi, Parry oedd cyfenw'r plant. Nid yw'n amlwg pam y defnyddiwyd 'Parry' yma, ond yr oedd yn gyfenw a ddefnyddiwyd yn gyson yn y teulu yn y blynyddoedd a ddilynodd. Yn y cyfnod hwn, yr oedd yr hen drefn a ddechreuwyd yn y bymthegfed ganrif o Seisnigeiddio enwau cyntaf yn dal yn boblogaidd, ac efallai mai dyma pam y gwelir cymaint o enwau Seisnig yn nheulu James Parry yn y blynyddoedd cynnar.

Priododd James* gydag Elizabeth Owen ar 9 Ebrill 1798, yn Eglwys Sant Aelrhiw, y Rhiw. Bu iddynt hwythau fyw gyda'u plant yng Nghae Geifr. Roedd Cae Geifr dafliad carreg o Gae'r Eos, adeilad sydd wedi hen ddiflannu erbyn hyn. Cae'r Eos oedd cartref Dic Aberdaron (1780-1843), ac yn sicr fe fyddai teuluoedd Henry James a James Parry* yn ei adnabod yn dda. Cymraeg oedd iaith y sgwrs er doniau ieithyddol Dic! Yr oedd gan James* ac Elizabeth Parry chwech o blant, sef John, Mary, Ann, Harry, Thomas ac Emmanuel. Bu farw o leiaf dri o'r plant cyn eu bod yn 21 oed. Bu James* ac Elizabeth fyw yn ardal y Rhiw hefyd, ac yng Nghyll-y-Felin, oedd dafliad carreg o Gae Geifr. Cofnodir bod James* wedi marw ar 4 Ebrill 1854 yn 'Nhŷ Walter', yn ardal Anelog. Cyfeiriad yw hyn mae'n debyg at dyddyn o ryw ddeuddeg erw o'r enw Nelog, ble roedd Walter Griffith yn byw gyda'i chwaer Catherine. Er nad oes cofnod o dŷ o'r enw 'Tŷ Walter', fe ŵyr trigolion lleol heddiw am weirglodd Walter a ffynnon Walter yn ardal Anelog. Claddwyd James Parry* ym mynwent Eglwys Sant Hywyn, ond nid oes cofnod o'i fedd. Bu Elizabeth farw flwyddyn yn ddiweddarach ar 21 Ebrill 1855.

Bu i Emmanuel Parry, un o blant James* ac Elizabeth, a thaid i James Parry, fyw mewn sawl cyfeiriad ym Mhen Llŷn, gan gynnwys ardaloedd y Rhiw lle y'i ganwyd, Pencaerau, Uwchmynydd, ac Aberdaron. Mae sôn bod Emmanuel yn ŵr mawr a chyhyrog, ac ar un adeg wedi bod yn dipyn o focsiwr! Priododd Eleanor (neu Ellen) Owen ar 18 Mai 1837. Ganwyd iddynt saith o blant, sef Henry, Elin, Owen, John, James, Evan ac Elizabeth. Mae hanes bod dau o'r meibion – mae'n debyg Henry a James – wedi ymfudo i Affrica, ac yna i Unol Daleithiau yr America. Saer maen oedd Emmanuel Parry, yn ôl pob sôn yn gyfrifol gyda'i fab John am adeiladu y rhan fwyaf o'r tai ar Enlli, yn ogystal â rhannau o wal Glynllifon, a wal mynwent Eglwys Sant Hywyn, y wal oedd i fod i warchod rhag bygythiad y môr.

Mae stori bod un mab i Emmanuel ac Eleanor wedi colli ei fywyd ar long yn y Bay of Biscay. Syrthiodd i'r môr wrth weithio yn y rigin. Gwrthododd y capten arafu'r llong i'w achub. Yr oedd y criw yn anhapus iawn, gan wrthod dychwelyd i'r llong yn Ne America. Nid oes sicrwydd bod y stori yma'n wir, nac ychwaith pa fab a gollwyd.

Yn ôl cyfrifiad 1881, yr oedd Emmanuel ac Eleanor yn byw yn 4 Pensarn, Aberdaron, sef un o'r tai teras ar yr allt ble byddai aelodau eraill o'r teulu'n byw yn y blynyddoedd i ddod. Mae cofnodion yn dangos y bu Eleanor farw ar 9 Chwefror 1889, yn Nhŷ Capel Deunant, Aberdaron. (Mae amheuaeth a yw hyn yn gywir gan mai yn 1895 yr adeiladwyd y capel ei hun.) Nodwyd achos ei marwolaeth fel 'palsy', sef y parlys, er mae'n debyg mai strôc fyddai'r term heddiw yn yr achos yma. Bu farw Emmanuel ar 10 Mehefin 1897, yn 82 oed, yn Nhan y Bryn, Pencaerau, a disgrifir ef fel 'lodger' yno. Nodwyd achos ei farwolaeth fel 'chronic valvular disease of the heart'. Claddwyd Emmanuel ac Eleanor ym mynwent Sant Hywyn, ond nid oes cofnod o'u bedd.

Pan oedd yn blentyn, bu John Parry, mab Emmanuel ac Eleanor, fyw yn Nhŷ Mawr, Uwchmynydd, ac mewn tŷ o'r enw Mynydd Mawr, eto yn Uwchmynydd, adeilad sydd bellach wedi diflannu. Yn ddiweddarach bu'n byw yn 4 Pensarn, Aberdaron, gyda'i rieni. Cyn iddo briodi, morwr

Emmanuel Parry – taid James.

oedd John ac mae cofnod ohono fel is-gapten ar longau lleol, y *Catherine Ellen* ac *Aneurin*, yn hwylio o Gaernarfon. Am weddill ei oes bu'n saer maen. Yn 39 oed, priododd Margery Griffith ym Mhwllheli ar 12 Ionawr 1886. Mae'n debyg bod Margery wedi cael ei geni y tu allan i briodas i Sarah Williams yn 1856. Yr oedd Sarah yn un o saith o blant i Griffith a Jane Williams (David gynt), fferm Deunant, Aberdaron. Dywedir bod Margery wedi cael ei magu gan eraill yn Neunant, ac nad oedd Sarah yn byw yno. Owens oedd cyfenw Margery yng nghyfrifiad 1861, ond Williams erbyn 1871. Pam felly mai Griffith oedd ei chyfenw cyn iddi briodi? Tybed ai oherwydd mai Griffith oedd enw bedydd ei thaid, ac mai ef fu'n gyfrifol am ei magu? Yn ddiweddarach, pan briododd Sarah gydag Evan Jones yn 1861, yr oedd yn byw yng Nghadlan Uchaf, Aberdaron. Ganwyd tri phlentyn arall iddi hi ac Evan, sef Griffith, Evan a Jemima. Y ddiweddarach yn eu bywyd yr oeddent yn byw yn ardal Pwllheli. Y mae bedd rhieni Sarah, y rhai mae'n debyg ofalodd am Margery yn ei phlentyndod, sef Griffith a Jane Williams, i'w weld ym mynwent Eglwys Sant Hywyn, Aberdaron.

Ganwyd saith o blant i John a Margery, sef Jane Ellen, Elizabeth,

John Parry – tad James.

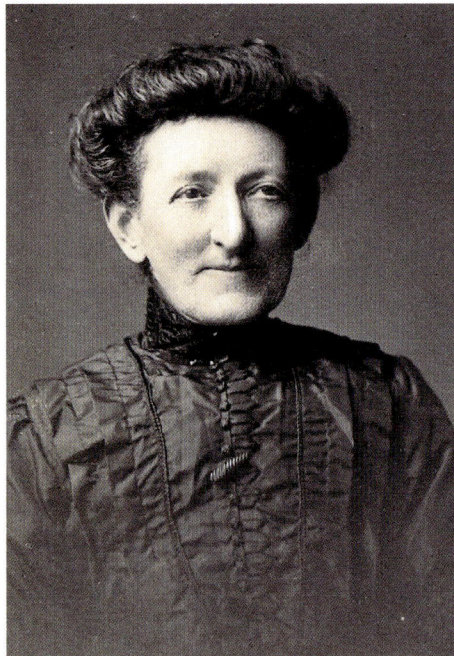

Margery Parry – mam James.

Elizabeth, Sarah, James, Ann a Catherine. Pan fu farw eu hail ferch yn ei babandod, galwyd y drydedd ferch hefyd yn Elizabeth. 2 Pensarn, Aberdaron oedd eu cartref. Mae'n debyg i James gael ei enwi ar ôl ei daid. Fe welir fod yr enw James wedi ymddangos fel enw cyntaf neu gyfenw sawl gwaith yn barod yn y teulu.

Cafodd John Parry ei anafu'n ddifrifol mewn ffrwydrad wrth weithio mewn chwarel ym Mynydd Mawr. Torrwyd ei goes i ffwrdd heb anesthetig. Bu farw ychydig wedyn, ar 4 Mawrth 1910, yn 63 oed. Bu cwest i'r digwyddiad, ac fel achos i'r farwolaeth, nodwyd 'inflammation of the lungs caused by the shock of the accident at Mynydd Mawr.'

Bu Margery Parry farw ar 9 Hydref 1917, a nodwyd achos ei marwolaeth

JAMES A NIKOLAI

Carreg fedd tad, mam a chwaer James ym mynwent Sant Hywyn.

fel 'gastric catarrh and vomiting syncope'.

Claddwyd John a Margery Parry ger y lli ym mynwent Eglwys Sant Hywyn. Yma hefyd y claddwyd eu merch Catherine a fu farw ar 1 Tachwedd 1918, yn 19 oed. Nid oes cofnod pendant o achos marwolaeth Catherine a hithau mor ifanc, ond mae lle i gredu mai'r ffliw Sbaenaidd oedd yn gyfrifol. Roedd y pandemig ar ei waethaf yng Nghymru yr hydref hwnnw. Mae'n debyg i dros 10,000 farw o'r clefyd yng Nghymru dros y cyfnod. Ar garreg fedd y tri mae'r englyn hwn:

Y tri ar fin y traeth – a ddiosgodd
        Wyw wisgiad marwolaeth;
Iesu'n uwch, eu tywys wnaeth
I galon buddugoliaeth.

Gyrfa gynnar James Parry

Dim ond un ar bymtheg oedd James pan fu farw ei dad yn 1910, ac fel yr unig fab, syrthiodd dipyn o gyfrifoldeb arno yn y cartref. Dywedir mai ef oedd cannwyll llygaid ei fam. Ond gadael cartref i fynd ar y môr a wnaeth yn fuan wedyn gan ymuno â'r Llynges Fasnach, ac yntau ond yn 18 oed.

Roedd y Llynges Fasnach yn bodoli mewn rhyw ffordd yn hanes Prydain ers yr ail ganrif ar bymtheg, pan ymdrechwyd i gofrestru pob morwr fel llafurwr yn y Llynges Frenhinol mewn amseroedd o ryfela, ond aflwyddiannus fu hyn tan 1835. Tyfodd y llyngesau masnach Prydeinig yn sylweddol yn y blynyddoedd i ddilyn gan ddod y brif lynges trwy'r byd. Cymerwyd mantais o fasnachu gyda gwledydd dros y byd, yn enwedig y rhai oedd ym meddiant Prydain ar y pryd. Ar un amser roedd yr Ymerodraeth Brydeinig yn ymestyn i bedwar ban byd i gynnwys 13 miliwn milltir sgwâr gyda phoblogaeth o 450 miliwn. Erbyn dechrau'r ugeinfed ganrif roedd bron hanner llongau masnach y byd yn chwifio'r Lluman Coch (Red Ensign), sef y faner goch gyda Jac yr Undeb yn ei chongl chwith uchaf. Roedd pwysigrwydd y llynges i ddod i'r amlwg yn ystod y Rhyfel Mawr, a dyna pan gyflwynodd y brenin George V y teitl 'Llynges Fasnach' yn swyddogol ar y llyngesau masnach Prydeinig i gydnabod eu gwasanaeth.

Yn hanesyddol, i'r gwŷr ifanc oedd yn dymuno bod yn gapten neu feistr rhyw ddydd, gellid dilyn sawl llwybr. Roedd yn bosibl mynychu coleg morwrol swyddogol, a byddai hynny'n arwain at brentisiaeth fel swyddog cadét neu ymuno â rhaglen hyfforddi. Dewis arall oedd mynd yn syth ar y môr trwy roi cais i gwmni morio masnachol, a hynny fel arfer yn rhyw 17 oed. Hwn oedd y llwybr ddewisodd James, mae'n siŵr gan mai dyma'r dewis mwyaf ymarferol.

James tua 16 oed.

'Continuous Certificate of Discharge' James.

Fe fyddai felly'n cael tair neu bedair blynedd o brofiad o fod ar long, gan wisgo dillad gwaith cyffredin. Dan arweiniad y bosn byddai ei waith yn cynnwys glanhau pob rhan o'r llong, peintio a chaboli. Wrth ddringo'r rhengoedd byddai'n dechrau canolbwyntio mwy ar forwriaeth. Byddai'n dysgu am hyn trwy fod fwy ar bont y llong, dan oruchwyliaeth swyddog, a hynny mewn lifrau swyddogol. Byddai hynny'n arwain at arholiadau i ddod yn ail is-gapten.

Trwy ei yrfa yn y Llynges Fasnach yr oedd James yn cadw llyfryn o dystysgrifau (Continuous Certificate of Discharge). Yr oedd hwn yn cofnodi pob llong y bu'n morio arni, a nodyn o'i ymddygiad a'i allu ar ôl pob mordaith. Mae'n ddiddorol gweld ar y dudalen gyntaf o'i fanylion mai pum troedfedd chwe modfedd oedd ei daldra ar y dechrau, ond bod hwnnw wedi'i newid i bum troedfedd a saith modfedd a hanner yn ddiweddarach! Efallai nad oedd wedi gorffen tyfu pan ymunodd â'r llynges? Mae cofnod mai glas oedd lliw ei lygaid, gyda gwallt lliw tywod (sandy), a'i bryd yn olau. Roedd ganddo datŵ o ddwylo ar draws y môr ar ei arddwrn chwith.

Mae'n debyg bod mordaith fawr gyntaf James ar yr *Edith Eleanor*. Sgwner frig-hwyl oedd yr *Edith Eleanor*, a adeiladwyd yn Aberystwyth yn 1881 gan James Warrel i Syr D. C. Roberts, masnachwr coed, a Richard James, barcer o Aberystwyth. Enwyd y llong ar ôl merch Syr D. C. Roberts. Yr oedd yr *Edith Eleanor* yn pwyso 96 tunnell, yn 80 troedfedd o hyd, a chyda thri hwylbren. Hon oedd y llong olaf i gael ei hadeiladu yn y Ro Fawr, Aberystwyth. Hi oedd yr olaf o tua 280 o longau pren a adeiladwyd yn Aberystwyth. Byddai'r llongau lleiaf yn masnachu ar hyd yr arfordir, a'r rhai mwyaf yn hwylio dros y byd.

Mae tystysgrif yn dangos bod James wedi bod ar dair mordaith ar yr *Edith Eleanor* rhwng 10 Ebrill 1912 a 3 Gorffennaf 1913, gan gwblhau 3 mis a 26 diwrnod ar y môr. Nid yn unig yr oedd yn forwr arni, ond roedd yn gogydd hefyd!

Ei long nesaf oedd y *Lydgate*. Llong hwyliau ddur 2,349 tunnell oedd hon – math o long a elwid yn *Barque*. Yr oedd yn 304 troedfedd o hyd gyda phedwar hwylbren. Fe'i hadeiladwyd yn Newcastle gan Palmers Co Ltd yn 1893. Bu James ar y *Lydgate* fel llongwr cyffredin am gyfnodau rhwng 15 Medi 1913 ac 8 Ebrill 1915, gan dreulio blwyddyn, chwe mis a 25 diwrnod ar y môr. John Law o Lerpwl oedd ei chapten am y cyfnod hwn. Y mae cofnod bod James wedi bod ar un fordaith fawr rhwng Montevideo yn Uruguay a Port Adelaide, De Awstralia yn 1913.

Yn y *Newcastle Morning Herald and Miners' Advocate* yn Awstralia ar 21 Mawrth 1914 nodwyd bod y *Lydgate* wedi cyrraedd Newcastle, Awstralia,

Yr Edith Eleanor.
(Trwy ganiatâd Llyfrgell Genedlaethol Cymru)

Y Lydgate.

y bore hwnnw, ar ôl cychwyn o Montevideo ym mis Ionawr. Yr oedd wedi hwylio i'r de o Tasmania. Yn Newcastle byddai'n llwytho gyda glo i'w gludo i arfordir gorllewinol Awstralia.

Gyrrodd James gerdyn post gyda llun y *Lydgate* arno o Newcastle, New South Wales, i un o'i chwiorydd adref yn Aberdaron, ym mis Mai 1914. Mae'r cerdyn wedi'i yrru at Nyrs Parry. Yr oedd sawl un o'i chwiorydd wedi cael eu hyfforddi fel nyrs, felly nid yw'n glir pa chwaer yn union oedd hon.

Gadawodd James y *Lydgate* am y tro olaf yn Poplar yn nociau'r Isle of Dogs, Llundain yn 1915. Roedd y Rhyfel Mawr yn ei anterth erbyn hyn, a James eisoes wedi treulio'r rhan fwyaf o'r cyfnod oddi cartref ar y môr. Llongddrylliwyd y *Lydgate* gyda llwyth o lo arni oddi ar arfordir Denmarc yn 1920.

Am weddill ei oes siaradai James gyda balchder ei fod wedi cael ei brentisiaeth gynnar ar longau hwyliau o'r fath.

Asmus Nikolai Clausen

Flensburg

GANWYD ASMUS NIKOLAI ('Nico') i Asmus a Magda Clausen (Palaudt gynt) yn Flensburg, ar 2 Mehefin 1911. Teulu cyffredin oeddent. Ffermwr oedd y tad a Magda fel sawl mam arall yn gofalu am ei phlentyn. Byddai hithau wedi cysuro a swyno'i mab bychan i gysgu gyda rhyw hwiangerdd Almaenig neu'i gilydd. Beth fyddai hynt a helynt Nikolai? Pa lwyddiant ac anawsterau oedd i ddod? Er bod Flensburg ar gyrion pellaf yr Almaen, roedd hi'n amser pryderus, gyda'r Almaen ar drothwy'r Rhyfel Mawr.

Tref arfordirol yn nhalaith Schleswig-Holstein yng ngogledd yr Almaen yw Flensburg, yn agor allan i Fae Geltinger. Hi yw'r ail dref fwyaf gogleddol yn yr Almaen. Fe'i sefydlwyd fel porthladd pwysig yn y ddeuddegfed ganrif, yn fwyaf arbennig gan fod yma gysgod rhag tywydd garw ac yr oedd mewn safle da ar lwybr masnachol ar y tir ac ar y môr. Am ganrifoedd yr oedd Flensburg o fewn ffiniau Denmarc, ond ar ôl Ail Ryfel Schleswig yn 1864 fe'i cymerwyd drosodd gan Deyrnas Prussia ac yn dilyn hynny, yr Almaeneg oedd y brif iaith. Yn dilyn pleidlais yn 1920, dewisodd mwyafrif llethol trigolion Flensburg aros fel rhan o'r Almaen, yn hytrach na Denmarc. Oherwydd y gefnogaeth, derbyniodd y dref sawl ffafr gan y llywodraeth, gan gynnwys adeiladau mawr ysblennydd. Yn ystod yr Ail Ryfel Byd, ni fu bron ddim difrod i Flensburg. Yma oedd cartref 33 *flotilla* o longau tanfor, yr U-boats.

Yn 1945, ychydig cyn diwedd y rhyfel, dihangodd y Llyngesydd Karl

Dönitz i Flensburg. Cyn iddo ladd ei hun yr oedd Adolf Hitler wedi apwyntio Dönitz fel ei olynydd a bu Dönitz yn Arlywydd yr Almaen Natsïaidd am 23 diwrnod. Fe'i cymerwyd yn garcharor gan luoedd Prydain, gyda gweddill ei lywodraeth, gan eu cadw yn Ysgol Forwrol Mürwik (Marineschule Mürwik), ar gyrion y dref. Yr oedd hon yn ysgol a sefydlwyd yn 1910 gan Kaiser Wilhelm II ar gyfer llynges filwrol yr Almaen gyfan. Gellir dweud mai Flensburg oedd cadarnle olaf llywodraeth y Drydedd Reich. Terfynwyd y gyfundrefn yn swyddogol ar 23 Mai 1945.

Ymddangosodd Dönitz o flaen ei well yn Nhreialon Nuremberg (1945-46) am droseddau rhyfel. Cafwyd ef yn euog am gynllunio a chymryd rhan mewn rhyfelgyrchoedd, ac am droseddau yn groes i reolau rhyfel ac fe'i carcharwyd am ddeng mlynedd. Ar ôl ei ollwng yn rhydd, bu'n byw ger Hamburg tan ei farwolaeth yn 1980 yn 89 oed. Yr oedd ganddo ddau fab, ychydig yn iau nag Asmus Nikolai Clausen. Lladdwyd y ddau ar y môr yn ystod yr Ail Ryfel Byd.

Gan mai ffermwr oedd ei dad, dangosodd Nikolai ddiddordeb mewn ffermio yn ystod ei blentyndod. Ond fel James Parry, yr oedd y môr yn ei waed – mae'n siŵr fod y ffaith ei fod wedi ei fagu mewn tref gyda chymaint o gysylltiadau â'r môr wedi

Asmus Nikolai Clausen yn bedair oed, 20 Awst 1915.

(Trwy ganiatâd Ine Wenckebach)

dylanwadu arno. Y mae cyfenw Nikolai'n awgrymu efallai ei fod o dras Ddanaidd, er mai dylanwadau Almaenig oedd ar drigolion y ddinas.

Efallai bod Prydain yn datgan rhyfel ar yr Almaen yn Awst 1914 wedi dylanwadu ar blentyndod Nikolai a'r trywydd y byddai'n ei ddilyn yn y dyfodol. Ni fu brwydro o bwys ar y môr rhwng Prydain a'r Almaen tan Brwydr Jutland oedd oddi ar arfordir gorllewinol Denmarc ym Môr y Gogledd ym mis Mai 1916, y frwydr ffyrnicaf ar y môr yn ystod y Rhyfel Mawr, yn enwedig felly dan y môr, ble y bu i longau tanfor yr Almaen ymosod ar longau masnach a llongau milwyr y Cynghreiriaid. Tri diwrnod barhaodd y brwydro, ond roedd y golled i'r ddwy ochr yn enfawr. Collodd yr Almaen 11 llong, a thros 2,500 o fywydau. Roedd colledion Prydain yn fwy, gyda 14 o longau'n cael eu suddo a chollodd dros 6,000 eu bywydau. Er i'r ddwy ochr hawlio buddugoliaeth, y gred gyffredinol oedd nad enillodd yr un wlad.

Tynnwyd llun o Nikolai ar 20 Awst 1915, ac yntau ond yn bedair oed, yn gwisgo lifrai morwrol. Ychydig a feddyliai y byddai'n ysgwyd llaw gyda gŵr mor enwog a dylanwadol â Karl Dönitz rhyw ddydd.

Y Rhyfel Mawr ar y môr

Dechreuodd y Rhyfel Mawr yn Ewrop yn Awst 1914. Ers degawd bu sawl argyfwng gwleidyddol yn ogystal â chynnydd anferth yn lluoedd arfog y pwerau mawr. Daeth pethau i uchafbwynt gyda thrychineb yn Awstria-Hwngari, ble roedd yr Arch-ddug Franz Ferdinand yn teyrnasu. Ar 28 Mehefin 1914, roedd yr Arch-ddug yn Bosnia a Herzegovina, talaith yn Awstria-Hwngari, gyda'i wraig Sophie. Roeddent mewn modur yn teithio trwy ddinas Sarajevo pan ymosodwyd arnynt gan wrthwynebwr yn taflu grenâd tuag at eu modur. Er i amryw gael eu hanafu, dihangodd yr Arch-ddug a'i wraig yn ddianaf. Yn ddiweddarach yn y dydd, a hwythau eto mewn modur yn teithio i ysbyty i ymweld ag un o'r rhai a anafwyd, saethwyd y ddau gan Gavrilo Princip. Bu farw'r ddau yn fuan wedyn. Dim ond 19 oed oedd Princip, ac yn aelod o'r Bosniaid Ifanc, mudiad chwyldroadol yn Bosnia a Herzegovina. Dilynodd protestiadau sylweddol yn erbyn y Serbiaid trwy Awstria-Hwngari. Fis yn ddiweddarach, ar 28 Gorffennaf, cyhoeddodd Awstria-Hwngari ryfel ar Serbia, gan gredu mai'r wlad honno oedd yn gyfrifol am y llofruddiaethau. Arweiniodd hyn at y Cynghrair Triphlyg (Awstria-Hwngari, yr Almaen a'r Eidal) yn gwrthdaro yn erbyn cefnogwyr Serbia yn y Cytundeb Triphlyg (Rwsia, Ffrainc a Phrydain). Yn ei dro, arweiniodd hyn at ddechrau'r Rhyfel Mawr.

Yn fuan yr oedd yr Almaen yn wynebu rhyfel ar Ffrynt y Gorllewin a Ffrynt y Dwyrain. Ar Ffrynt y Gorllewin, bu Prydain a Ffrainc yn brwydro yn erbyn byddinoedd yr Almaen am dair blynedd mewn cyrchoedd ofer a thrychinebus, yn amlach na pheidio gyda cholledion enbyd mewn bywydau, ac ychydig iawn o ennill tir. Yr oedd y Ffrynt wedi'i farcio gyda llinellau maith o ffosydd. Ar Ffrynt y Dwyrain, er bod lluoedd Rwsia yn rhagori, yr Almaen yn ddi-feth oedd yn ennill y dydd gyda'u harfau pwerus. Unwaith eto, yr oedd y colledion yn enfawr. Tra roedd lluoedd yn brwydro ar y tir ac yn y ffosydd, defnyddiwyd awyrennau i ragwylio i ddechrau, ac yn ddiweddarach i fomio targedau diwydiannol a sifil. Ar y môr yr oedd y llyngesau hefyd yn chwarae rhan allweddol yn y rhyfel, ac yn enwedig felly U-boats yr Almaen.

Datblygiad yr U-boat

Er bod cynlluniau i longau tanfor i'w cael ers canol y bymthegfed ganrif, yn y bedwaredd ganrif ar bymtheg y datblygwyd yr un ymarferol gyntaf trwy ddyfeisgarwch arbennig Almaenig. Sebastian Wilhelm Valentin Bauer oedd yn gyfrifol. Cymerwyd hyd at 1902 i ddatblygu llong danfor wirioneddol lwyddiannus, sef y *Forelle*. Llong fechan oedd hon, yn cael ei gyrru gan drydan, gyda'r gallu i forio pellter o ryw bum milltir fôr yn unig. Gallai gario dau dorpido. Yr oedd yn perfformio'n arbennig o dda, a hynny ar un achlysur ym mhresenoldeb y Kaiser ei hun. Serch hynny, ni chafodd Llynges Ymerodrol yr Almaen ei bodloni, ac fe'i gwerthwyd i'r Rwsiaid. Yn dilyn hynny, bu cyfnod ble roedd yr Almaenwyr yn edrych ar ddatblygiadau'r Rwsiaid mewn cynllunio llongau tanfor.

Daeth lluoedd y llongau tanfor dan ofal Llynges Ymerodrol yr Almaen gyda throad yr ugeinfed ganrif. Cyn hynny roeddent yn cael eu datblygu mewn iardiau llongau preifat. Trwy edrych ar brofiadau'r Rwsiaid adeiladwyd ei llong danfor gyntaf, yr *U-1*, yn 1904. Datblygiad oedd yr *U-1* o long danfor oedd yn wreiddiol ar gyfer y Llynges Rwsiaidd, ac, mewn gwirionedd, nid oedd yn addas ar gyfer anghenion milwrol Llynges Ymerodrol yr Almaen.

Adeiladwyd yr U-boat swyddogol gyntaf, sef yr *U-2*, yn 1908. Yr oedd ganddi bedwar tiwb torpido, a gallai gario chwe thorpido. Gallai gario criw o 22, ac yr oedd y peiriant newydd oedd yn ei gyrru wedi cael ei ddyfeisio gan Daimler. Ond nid oedd yr *U-2* yn llwyddiannus iawn chwaith, na'r llongau tanfor a'i dilynodd. Am gyfnod yr oedd datblygiad y llongau yn yr Almaen yn llusgo tu ôl i'r hyn oedd yn digwydd yn Ffrainc, yr Unol Daleithiau a Phrydain – hyn nes i ofynion newydd gael eu cyflwyno. Yr oedd yn rhaid i'r llong danfor gyrraedd cyflymdra o 15 milltir fôr yr awr ar yr wyneb a 10.5 milltir fôr yr awr oddi tan yr wyneb. Roedd yn rhaid iddi allu teithio pellter o ddwy fil o filltiroedd. Rhaid oedd cael digon o le i griw o ugain, ac yr oedd angen cyflenwad o aer i barhau am o leiaf 72 awr. Rhaid oedd hefyd cael o leiaf bedwar tiwb torpido. Yr oedd y llongau tanfor cynnar yn rhedeg ar baraffîn, ond yr oedd hynny'n creu cryn anhawster. Yr oeddent yn llosgi tanwydd yn ormodol, gydag angen am 400 galwyn yr awr i'w rhedeg, ac yr oedd y nwyon llosg i'w gweld o bellter. Yna, datblygwyd U-boats gyda pheiriannau disel. Er yr holl ddatblygiadau, yr oedd problemau gyda phob dosbarth newydd o U-boat a gynhyrchwyd. Gyda'r tebygrwydd o ryfel ar y gorwel, rhaid oedd prysuro i wella'r ansawdd a'r nifer oedd yn cael eu cynhyrchu. Erbyn dechrau'r Rhyfel Mawr, yr oedd 28 o longau tanfor yn barod i'w defnyddio. Bu gwelliannau ym mhob cyfeiriad, ac yn fuan yr oedd nifer helaeth o U-boats wedi'u hadeiladu.

Erbyn 1915, yr oedd angen U-boats mwy o faint ac a fyddai'n fwy addas yn yr ymdrech i dorri gwarchae Prydain ar yr Almaen. Yr oedd y rhain yn gyflymach, gyda mwy o arfau arnynt. Dros gyfnod adeiladwyd 90 llong danfor o'r math yma (UB111), oedd yn eu gwneud yr U-boats mwyaf cyffredin a mwyaf llwyddiannus. Trwy gyfnod y rhyfel parhau i ddatblygu llongau tanfor mwy a mwy effeithiol wnaeth yr Almaen, gan gynnwys math newydd, sef yr U-cruisers. Llongau tanfor enfawr oedd y rhain i gario cargo, mewn ymdrech i ddod â'r nwyddau angenrheidiol i'r Almaen trwy warchae Prydain. Gan mai llongau tanfor masnachol oeddent, nid oeddent dan reolaeth y llynges. O'r herwydd roeddent yn rhydd i deithio mor bell â'r Unol Daleithiau ac yn ôl. Erbyn hyn, roedd y llongau tanfor i gyd yn cael eu gyrru gyda pheiriannau disel ar yr wyneb, a thrydan dan y dŵr. Cynyddu yn eu maint wnaeth y torpidos hefyd, gyda'r mwyaf yn saith metr o hyd gan gynnwys pen ffrwydrol 195 cilogram. Yr oedd y perisgopau wedi cael eu ffitio gyda'r cyfarpar optegol gorau oedd i'w gael.

Am fisoedd cyntaf y Rhyfel Mawr, aflwyddiannus fu sawl patrôl gan y llongau tanfor. Felly y bu tan 3 Medi 1914, pan gafwyd llwyddiant enfawr. Dan ofal Leutnant zur See Otto Hersing, suddodd yr *U-21* yr HMS *Pathfinder*. Yr oedd yn ddigwyddiad hanesyddol, gan mai hwn oedd y tro cyntaf i long ryfel fodern gael ei dinistrio gan long danfor. Bu ambell lwyddiant arall, gyda hyn yn darbwyllo'r byd fod llong danfor yn arf filwrol effeithiol. Bu llwyddiant arall ar 18 Hydref 1914, pan suddodd yr *U-27*, dan ofal Kapitänleutnant Wegener, y llong danfor Brydeinig gyntaf, yr *E-3*.

Parhaodd y llwyddiant ar ddechrau 1915. Ar 1 Ionawr 1915 suddwyd yr HMS *Formidable* yn y Sianel gan yr *U-24*. Ymatebodd Prydain drwy osod mwy o rwydi i ddal llongau tanfor, ehangu meysydd ffrwydron a chynyddu nifer y patrolau ar y môr. Roedd Prydain eisoes wedi cyhoeddi fod y cyfan o Fôr y Gogledd yn barth gwaharddedig, yn ogystal â'r gwarchae eang ar ddyfroedd yr Almaen. Mewn ymateb cyhoeddodd Kaiser Wilhelm fod yr holl ddyfroedd o amgylch Prydain yn barth rhyfel. Yr oedd un wlad yn ceisio gosod gwarchae ar y llall, Prydain gyda'i llynges enfawr, a'r Almaen gyda'i U-boats.

Erbyn Chwefror 1915 yr oedd ymgyrch fawr gyntaf yr U-boats wedi dechrau. Yr oedd nifer o'r llongau tanfor mawr pwerus ar gael. O fod wedi goresgyn Gwlad Belg, yr oedd gan yr Almaen fantais o fod gyda safleoedd ar arfordir y Sianel, yn enwedig Zeebrugge, Bruges ac Ostend.

Mewn tri mis yn 1915, suddwyd 123 o longau masnach Prydeinig, yn ogystal â llongau rhyfel.

Ar 7 Mai 1915 suddwyd y llong deithio *Lusitania* gan yr *U-20*, dan y syniad ei bod yn cario milwyr. Yn wir, yr oedd yn cario offer rhyfel, ond ni fyddai comander yr *U-20* yn ymwybodol o hynny. O'r 1,198 o deithwyr a gollwyd, yr oedd 128 yn ddinasyddion yr Unol Daleithiau. Cythruddwyd yr Unol Daleithiau gan hyn, a galwodd yr Arlywydd Woodrow Wilson am ddiweddu ymgyrch yr U-boats. Dan bwysau gwleidyddol enfawr, bu raid i'r Almaen roi sicrhad na fyddai llongau teithio na llongau niwtral yn cael eu peryglu. Ond ni pharhaodd yr addewid hwn yn hir iawn. Roedd rhyw gymaint o gyfaddawd pan weithredwyd yr Amodau Ysbail (Prize Regulations). O dan y ddeddf neilltuol hon gan y morlys, pe bai ymosodiad, roedd yn rhaid i'r U-boat ddod i'r wyneb, sicrhau beth oedd disgrifiad a chargo'r llong, ac yna gwneud yn siŵr bod y criw yn gallu gadael y llong yn ddiogel, cyn ei suddo. Y broblem yma oedd y byddai'r U-boat yn hynod o agored i ymosodiad pan fyddai ar wyneb y dŵr yn ystod y weithred.

Cymysglyd oedd llwyddiannau llongau tanfor yr Almaen ar ddechrau 1916, ac yr oedd peth amheuaeth a fu Brwydr Jutland yn llwyddiannus ym mis Mai. Serch hynny, suddwyd sawl llong yn y Sianel. Yn anffodus dinistriwyd ambell i long deithio, gan gynnwys y *Sussex* ar ei ffordd i Dieppe. Er mai nifer cymharol fach o'r teithwyr a gollodd eu bywydau, yr oedd cyfran ohonynt yn Americanwyr. Ymatebodd yr Unol Daleithiau yn chwyrn ac yn sydyn, a chafodd y Kaiser ei orfodi i ymatal rhag ymosod ar longau masnach, oni bai fod hynny dan yr Amodau Ysbail. Unwaith eto, ni ddilynwyd y cytundeb yma'n hir, a chyn bo hir ymrwymodd yr Almaen i ymosod yn ddigyfaddawd ar longau masnach Prydain. Teimlai'r Almaen fod hyn yn gwbl angenrheidiol yn wyneb gwarchae tyn Prydain ar y llwybrau cyflenwi i'r wlad. Erbyn hyn yr oedd y llongau tanfor mwyaf yn gallu teithio i rannau gorllewinol Prydain, a hyd yn oed arfordir dwyreiniol yr Unol Daleithiau. Yn ystod y cyfnod hwn suddwyd bron i 800 o longau gan tua 96 o U-boats, gyda cholled o ddeg U-boat.

Trwy'r llwyddiannau yma, gwelai'r Almaenwyr mai dim ond trwy ymgyrch U-boat ddiamod llwyr fel hyn y gellid sicrhau buddugoliaeth. Byddai'n rhaid sicrhau hyn yn fuan cyn i'r Unol Daleithiau, gyda'u grym milwrol anferth, gael eu tynnu i mewn i'r rhyfel. Gartref, yr oedd dinasyddion yr Almaen yn anfodlon, gyda phrinder bwyd yn achosi pryder difrifol. Felly, yr oedd ymateb milwrol buan yn hanfodol.

O ganlyniad, ar 1 Chwefror 1917, rhoddodd Kaiser Wilhelm orchymyn i gychwyn ymgyrch U-boats ar bob llong fasnach, yn rhai'r Cynghreiriaid a rhai niwtral, yn y Sianel, gorllewin Môr y Gogledd, a chylch eang o 400 milltir i Fôr Iwerydd o arfordir gorllewinol Prydain a Ffrainc. Yr oedd yr ymgyrch yn llwyddiannus, gyda'r Almaenwyr yn suddo 250 o longau ym mis Chwefror, dros 250 ym Mawrth, a 413 yn Ebrill. Erbyn hyn dim ond tri chwarter y llongau masnach oedd yn cyrraedd pen eu taith ym Mhrydain. Yr oedd nifer o'r llongau oedd yn cael eu dinistrio yn llawer mwy na'r nifer oedd yn cael eu hadeiladu. Stori wahanol oedd hi i'r Almaenwyr. Naw U-boat a gollwyd yn ystod y cyfnod, ac yr oeddent yn adeiladu mwy o longau tanfor nag oeddent yn eu colli.

Gydag ymosodiadau ar longau wedi'u cofrestru ganddynt yn cynyddu, cyhoeddodd yr Unol Daleithiau ryfel ar yr Almaen ar 6 Ebrill 1917.

Gyda chymaint o longau masnach yn cael eu colli, cyflwynodd Prydain bolisi newydd. Gwnaed pob ymdrech i adeiladu mwy o longau, a hefyd i brynu mwy ohonynt o wledydd eraill. Yn y gobaith o suddo U-boats wrth gychwyn ar eu patrôl, neu wrth ddychwelyd, ehangwyd eto ar feysydd ffrwydron yn y môr, yn enwedig yn yr Heligoland Bight, bae yn yr Almaen yn wynebu Môr y Gogledd, oedd yn fan pwysig ac allweddol i Lynges yr Almaen. Ond y cam pwysicaf oedd gorchymyn Lloyd George yn Ebrill 1917 i sicrhau system gonfoi, gyda gosgordd i warchod llongau masnach. Yr oedd hyn i raddau yn llwyddiannus. Ond serch hynny, rhwng Mai a

Gorffennaf 1917, collwyd 795 o longau masnach eto, y rhan fwyaf yn cael eu suddo gan yr U-boats mawr. Tybiai'r Almaenwyr erbyn hyn eu bod yn agos i fuddugoliaeth, ac i sicrhau hynny adeiladwyd 95 o longau tanfor newydd. Oherwydd llwyddiant y system gonfoi, yr oedd yr U-boats erbyn hyn yn targedu llongau yn agosach at y lan, gan na fyddai gosgordd yno.

Tuag at ddiwedd 1917, yr oedd arf newydd ar gael i rwystro ac i ddinistrio'r U-boats. Profodd y ffrwydryn (mein) H2 yn effeithiol iawn. Gosodwyd 9,000 o ffrwydron yn y Sianel ac ym Môr y Gogledd. Gosodwyd maes o ffrwydron anferth rhwng yr Orkneys ac arfordir Norwy. Y meysydd yn y Sianel ddaeth â'r llwyddiant mwyaf, a hynny mewn amser byr.

Erbyn gwanwyn 1918, roedd y llanw'n troi. Hoelen olaf yn arch ymgyrch yr U-boats oedd dechrau system gonfoi yn agos i'r lan. Erbyn Tachwedd, 15 llong fasnach a suddwyd. Yn y cyfamser yr oedd gwarchae Prydain ar yr Almaen yn parhau. Yr oedd prinder bwyd difrifol yn yr Almaen. Gwrthododd yr Unol Daleithiau gytundeb cadoediad os na fyddai'r Almaen yn ildio ymosodiadau'r U-boats ar longau masnach. Mewn un ymgais olaf i ennill y frwydr, cynlluniodd yr Almaen ymosodiad cudd ar longau ar hyd arfordir de-ddwyreiniol Prydain. Ond fel yr oedd y llynges (High Seas Fleet) yn ymgynnull, dechreuodd gwrthryfel ar fwrdd llawer o'r llongau mawr milwrol. Tynnu'n ôl wnaeth y llynges, ond aros yn ffyddlon tan y diwedd wnaeth criwiau'r U-boats.

Ar 11 Tachwedd 1918 derbyniodd yr Almaen dermau cadoediad, a daeth y rhyfel i ben.

Go brin fod unrhyw deulu heb eu taro gan effeithiau'r Rhyfel Mawr, hyd yn oed ym mhen draw Llŷn. Os nad oeddent wedi colli anwyliaid, fe fyddent yn siŵr o wybod am drychinebau ar y môr. O fewn cylch o tua 20 milltir i'r gorllewin o Ynys Enlli, mae cofnod bod o leiaf ddeuddeg o longau wedi eu suddo gan U-boats rhwng dechrau 1917 a diwedd y rhyfel, gan gynnwys y llongau *Sallagh*, *Korsnaes*, *Erica*, *Mande*, *Vitol*, *Robert Eggleton*, *Chelford*, *Damao*, *Oronsa*, *Tarbetness*, *Earl of Elgin* a'r *Cyrene*, gyda cholli sawl bywyd. Yn wir, bu i'r *U-91* dan gapteniaeth Alfred von Glasenapp suddo o leiaf dair ohonynt. Llongau masnach oedd y rhan fwyaf, rhai yn cario glo, ac eraill caolin (clai llestri). Ar ddydd Nadolig 1917 suddwyd un llong danfor Almaenig, yr *U-87*, yn yr un cylch. Lladdwyd ei chomander Freiherr Rudolf von Speth-Schülzburg a'r holl griw.

Ni ddylid anghofio maint ac effaith brwydr yr U-boats ar hyd arfordir Cymru yn ystod y Rhyfel Mawr. Collodd miloedd eu bywydau, ond ychydig o forwyr Cymreig a goffeir yn lleol ar gofgolofnau rhyfel. Y mae llawer wedi cael eu coffáu serch hynny yn eu capeli a'u heglwysi. Nid oedd gan y rhan fwyaf o forwyr fedd wedi'i farcio. Yn ogystal â llongau masnach mawr, collwyd nifer enfawr o longau llai, llawer ohonynt yn masnachu o borthladdoedd bychain Cymru, a hynny'n arwain at golledion trychinebus i deuluoedd a'r economi leol.

Nid oedd yr artaith ddim llai i'r rhai hynny a gollodd eu hanwyliaid ymhell oddi cartref. Collodd Llŷn dros bedwar cant o wŷr yn ystod y Rhyfel Mawr. Maent yn cael eu coffáu ar Gofeb Gogledd Cymru ym Mangor ac ar gofebion eraill trwy'r ardal.

Mae'n debyg mai lluoedd yr U-boats, yr U-Bootwaffe, oedd gobaith gorau'r Almaen o ddod â'r rhyfel i ben. Cadwodd y Kaiser lynges o'r U-boats mwyaf hyd at ddiwedd y Rhyfel. Yr oedd dros 170 ohonynt ar gael tan hynny. Petai'r Almaen wedi datblygu ffordd effeithiol i guro'r system gonfoi, mae'n bosibl y buasent wedi bod yn fuddugoliaethus. Y ffordd i wneud hyn fyddai trwy ddod â lluoedd o'r U-boats at ei gilydd mewn ymosodiad. Byddai'r dacteg hon yn cael ei defnyddio'n llwyddiannus yn ystod yr Ail Ryfel Byd – tacteg cnud y bleiddiaid.

Yn rhyfedd, daeth cefnogaeth i'r Kaiser Wilhelm II o gyfeiriad annisgwyl iawn yn ystod y Rhyfel Mawr – o Ynys Enlli! Yr oedd hen draddodiad bod gan Ynys Enlli frenin, a Love Pritchard oedd hwnnw yn ystod y cyfnod yma. Ar ddechrau'r rhyfel cynigiodd y Brenin ei hun, ynghyd â dynion Enlli, ar gyfer gwasanaeth milwrol Prydain. Gwrthodwyd ef gan ei fod yn rhy hen – roedd yn 71 yn 1914! Pwdodd y Brenin a chyhoeddodd bod Enlli'n bŵer niwtral. Mae sôn ei fod wedi mynd cyn belled â thalu teyrnged i'r Kaiser. Bu farw Love Pritchard yn 1926, ac fe'i claddwyd ar fin y môr ym mynwent Sant Hywyn, ychydig lathenni oddi wrth fedd tad a mam James Parry.

Wrth gwrs, roedd pwysau mawr wedi bod i bobl ymrestru â'r lluoedd arfog ar ddechrau'r Rhyfel Mawr. Mae'n debyg i dros 100,000 wirfoddoli yn ystod deng niwrnod cyntaf y rhyfel. Doedd neb yn fwy brwd na'r Parch John Williams, Brynsiencyn, a deithiodd hyd a lled y wlad o Fôn i Lŷn yn recriwtio, gan annerch sawl cyfarfod. Ar y cyfan, siomedig oedd yr ymateb yn Llŷn ar y dechrau. Mae sôn i John Williams a Margaret, gwraig David Lloyd George, annerch torf ym Mhwllheli, ond dim ond pump yn unig a ymrestrodd. Tebyg oedd yr ymateb yng Nghricieth a Phorthmadog. I geisio annog mwy o frwdfrydedd defnyddiwyd milwyr i annerch cyfarfodydd. Ond er eu hymdrech mewn cyfarfod yn Abersoch yn Chwefror 1915, dau a ymrestrodd. Serch hynny, roedd David Lloyd George yn cymryd mantais o bob cyfle i hyrwyddo'r rhyfel. Cafodd gefnogaeth gref gan y dorf o 9,000 i'w anerchiad yn Eisteddfod Genedlaethol Bangor yn 1915. Daeth y cymunedau lleol at ei gilydd i gynnal cyngherddau a gweithgareddau, er mwyn codi arian i gefnogi milwyr lleol.

Tybed fyddai James Parry wedi cael ei ddylanwadu gan yr alwad i ryfel? I raddau ni fu'n rhaid iddo wneud y dewis anodd yma. Roedd eisoes wedi ymuno â'r Llynges Fasnach, ac wedi treulio peth amser ar y môr cyn i'r rhyfel ddechrau.

Rhyfel Mawr James Parry

UGAIN OED OEDD James Parry pan dorrodd y Rhyfel Mawr. Treuliodd rai misoedd ar y *Lydgate* ar ddechrau'r rhyfel. Oherwydd rheolau gwaharddiadau rhyfel, nid oes cofnod o'r teithiau hyn, ond yn sicr fe fyddai wedi bod yn gyfnod poenus a phryderus. Ar ôl ei gyfnod ar y *Lydgate* hwyliodd James ar nifer o longau masnach eraill. Llongau stemar oedd y rhain, ac yn cynnwys y *Devian*, *Lake Michican*, *Turret Court*, *Horsa*, *Menevian*, *Dungeness*, *Chiverstone*, *Sheridan*, *Harmonic*, *Maindy House*, *Maindy Dene*, *Cornhill*, *Grelgrant*, *Greldon*, *W. I. Radcliffe*, a'r *Peterston*. Hwylio o Dde Cymru fyddai llawer o'r llongau yma, o Gaerdydd, Casnewydd, Penarth a'r Barri, gan gario gwahanol nwyddau a glo. Ond yn aml byddai James yn ymuno â'r llongau mewn porthladdoedd eraill hefyd, fel Llundain, Avonmouth, Lerpwl, Middlesborough a Plymouth. Roedd y mordeithiau yn mynd ar hyd y byd, ac weithiau yn parhau am rai misoedd.

Yn ystod y Rhyfel Mawr, rhwng 1914 ac 1918, aeth James ar nifer o fordeithiau. Treuliodd y cyfan o'r cyfnod ar y môr, ar wahân i ychydig ddyddiau ar dir sych rhwng y mordeithiau. Cafodd brofiadau uniongyrchol o ymgyrch U-boats yr Almaen. Mor gyffredin oedd ymosodiadau'r llongau tanfor yn y cyfnod hwn, nes y cafodd o leiaf bedair o'r llongau y bu James arnynt ryw dro yn ystod ei yrfa eu taro gan dorpido o U-boats, er yn ffodus i James nid oedd ef ar eu bwrdd ar y pryd. Suddwyd y *Devian* gan *U-32* ar 29 Medi 1917, a'r *Lake Michigan* gan *U-100* ar 16 Ebrill 1918. Yn ystod yr Ail Ryfel Byd suddwyd y *Maindy Dene* gan dorpido ar 13 Medi 1942 – erbyn hynny yr oedd yn eiddo i gwmni yn Rwsia dan yr enw *Sukhona*.

'Continuous Certificate of Discharge' James yn dangos y llongau cyntaf y bu arnynt, ynghyd â manylion am ei wasanaeth.

Gwerthwyd y *Grelgrant* i gwmni o Japan yn 1924, a dan yr enw *Zyogu Maru* fe'i suddwyd gan awyrennau'r Americanwyr ar 18 Hydref 1944. Mae tynged hon yn eironig yng nghyd-destun hanes diweddarach James Parry – bu James yn gweithio arni cyn iddi fynd i feddiant y rhai fyddai'n elynion yn ystod yr Ail Ryfel Byd. Hanes cyffelyb oedd i'r *W. I. Radcliffe*. Erbyn yr Ail Ryfel Byd yr oedd y *W. I. Radcliffe* wedi newid dwylo, yn eiddo i'r Llynges Almaenig (Sperrbrecher), ac yn cael ei defnyddio fel llong ysgubo ffrwydron. Cafodd ei suddo yn wirfoddol gan ei pherchnogion yn y Skagerrak, culfor rhwng Norwy, Denmarc a Sweden, yn 1946.

LETRICHEUX & DAVID
LIMITED.

TELEGRAMS:
LETRICHEUX, SWANSEA.
LETRICHEUX, CARDIFF.
LETRICHEUX, PORT TALBOT.

TELEPHONES:
SWANSEA   CENTRAL 1169.
CARDIFF   P.O.   434.
PORT TALBOT ——   260.

LETRICHEUX BUILDINGS,

SWANSEA.

(AND AT CARDIFF & PORT TALBOT.)

September 6th 1918

Mr J. Parry

Anygraig

Aberdaron

Dear Sir,

We beg to advise you that the Shipping Controller, acting on
the recommendation of the Merchant Ships Gratuities Committee, has
approved the grant of awards to the crew of the S/S "DUNGENESS" in
consideration of the gallantry and good seamanship displayed on the
occasion of the torpedoing of the the steamer on May 30th last.

We understand you were serving in the steamer at the time and
the award in your case amounts to £11.10.0. and if you will sign and
return to us the enclosed form of receipt we will be pleased to send
you our cheque for this amount.

The Shipping Controller, Sir Joseph Maclay, requests us to
convey to the crew his high admiration and appreciation of their
meritorious conduct.

Yours Faithfully.

PER PRO LETRICHEUX & DAVID LTD

R. J. Matthews

DIRECTOR.

Llythyr gan Letricheux & David Ltd, Abertawe, yn nodi'r wobr ariannol i James yn dilyn ymosodiad ar y *Dungeness*.

Ond, yn wir, yr oedd James ar y *Dungeness* pan gafodd ei tharo gan dorpido ar 30 Mai 1918. Nid oes cofnod manwl o'r digwyddiad, ond gwobrwywyd James £11.10s. (gwerth tua £500 heddiw) gan berchnogion y llong, Letricheux & David Ltd, Abertawe, am wroldeb a morwriaeth dda. Mae'n ymddangos na fu'r difrod i'r *Dungeness* yn ddigon drwg iddi beidio â dychwelyd i Sunderland ym Mehefin 1918.

Dros y blynyddoedd, trwy arholiadau, profion a phrofiad yr oedd James yn dringo'r ysgol gan obeithio ryw ddydd i fod yn gapten. Erbyn 6 Gorffennaf 1916 yr oedd yn llongwr abl. Safodd arholiad yng Nghasnewydd ar 19 Ebrill 1919, yn ogystal â phrawf golwg, cyn pasio'n ail is-gapten. Erbyn 31 Mawrth 1919, yr oedd wedi treulio 4 blynedd, 11 mis a 29 diwrnod ar y môr. Erbyn hynny roedd y Rhyfel Mawr wedi dod i ben ers ychydig fisoedd.

Er iddo dreulio blynyddoedd ar y môr, roedd ei gartref a'i deulu yn bwysig i James. Newidiwyd ei fywyd yn sylweddol yn 1916 yn sgîl canlyn Mary Roberts, Anhegraig, y ferch y byddai'n rhannu gweddill ei fywyd gyda hi. Ganed Mary ar Awst 1897, yn un o ddeg o blant. Mae'n debyg iddi fod yn ddisgybl yn ysgol Deunant, fel James a'i chwiorydd. Cychwynnodd yn Ysgol Ramadeg Botwnnog ar 19 Medi 1908. Er i Ysgol Botwnnog gael ei sefydlu yn 1616, ni dderbyniwyd merched tan 1891. Deunaw o blant oedd yn yr ysgol bryd hynny, gyda naw bachgen a naw merch. Erbyn 1898 roedd y nifer wedi codi i 27. Cynyddodd y nifer yn sylweddol erbyn amser Mary, ac o ganlyniad codwyd adeiladau newydd. Roedd Mary yn ffodus o gael addysg bellach ym Motwnnog. O'i holl frodyr a chwiorydd, ni chafodd mwy nag un neu ddau ohonynt yr un cyfle. Roedd yr ysgol yn ddiarffordd, a chryn wyth milltir o'i chartref. Fel eraill, mae'n debyg i Mary aros yng nghartref rhai o drigolion ardal Botwnnog yn ystod yr wythnos tra roedd yn yr ysgol. Gadawodd Ysgol Botwnnog ar 28 Gorffennaf 1911. Mae cofnod iddi weithio yn y 'domestic service', yn siŵr fel morwyn yn rhywle neu'i gilydd.

A hwythau'n adnabod ei gilydd o'u plentyndod, doedd dim rhyfedd bod carwriaeth wedi datblygu rhyngddynt. Pan briododd James a Mary ar 1 Gorffennaf 1916 yn Eglwys Sant Hywyn, roedd Mary yn feichiog. Gweinyddwyd y briodas gan y ficer, Thomas Edward Owen. Roedd y fodrwy a gyflwynodd Mary i James o aur, ac yn un arbennig gyda chalon wedi'i cherfio iddi a dail llawryf bob ochr i'r galon. Roedd yn fodrwy o aur naw carat, wedi'i chreu yn Birmingham yn 1913. Er efallai nad oedd y fodrwy o werth ariannol mawr, daeth yn symbol amhrisiadwy am flynyddoedd lawer wedyn.

Ddiwrnod yn unig ar ôl eu priodas ganwyd mab i James a Mary. Bum diwrnod wedyn, pasiodd James i fod yn llongwr abl. Mae'n debyg iddo sefyll arholiad, efallai yn Ne Cymru yn ôl yr arferiad. Er tristwch, bu farw mab James a Mary yn wyth diwrnod oed ar 9 Gorffennaf. Fe'i enwyd yn John, mae'n debyg ar ôl tad James. Mae tystysgrif marwolaeth yn dangos ei fod wedi marw oherwydd iddo gael ei eni'n rhy gynnar. Fe'i claddwyd yn Eglwys Sant Hywyn, ond nid oes gofnod ym mhle, na charreg fedd i'w gofio. Efallai iddo gael ei gladdu mewn bedd aelod arall o'r teulu. I ddwysáu'r tristwch, erbyn diwrnod marwolaeth ei fab yr oedd James ar fwrdd y *Lake Michigan* yn Llundain, yn cychwyn ar fordaith i Montreal. Nid oedd yn ôl yn Llundain tan 11 Awst 1916. Nid oedd James adref gyda'i wraig newydd ar amser mor ddyrys. Mae'n bosibl iawn nad oedd James yn gwybod am farwolaeth ei fab pan oedd yn cychwyn ar ei fordaith, er mae'n siŵr ei fod yn ymwybodol mor fregus ydoedd. Nid yw'n wybyddus pa bryd y cafodd y newyddion. Nid oes manylion am y fordaith chwaith, ond yn sicr byddai wedi bod â chryn lawer o bryderon eraill o ystyried presenoldeb y gelyn a'r U-boats yng Ngogledd Môr Iwerydd.

Ni chafodd Mary fawr o amser i gysuro ei mab bychan. Ni chafodd y cyfle i sibrwd rhyw eiriau am ei dad ar fwrdd ei long yn hwylio i ffwrdd, nac i ganu hwiangerddi. Cadwodd y boen a'r galar yn ei chalon am weddill ei hoes. Roedd yn gyfnod ble roedd sôn am feichiogrwydd cyn priodi yn dabŵ, yn enwedig yn gyhoeddus. Ni fyddai unrhyw drafod y tu allan i'r teulu yn fwy na hel clecs llechwraidd. Diflannodd unrhyw wybodaeth am fodolaeth yr enaid bach yma i bwll diwaelod amser.

Flwyddyn yn ddiweddarach yr oedd James wedi colli ei fam Margery hefyd. Pan fu farw ar 9 Hydref 1917 mae cofnodion yn awgrymu bod James ar y *Menevian,* dair wythnos i mewn i'w thaith o Fryste i Genoa. Ni fyddai'n ôl ym Mryste tan 13 Ionawr 1918, gyda'r Rhyfel Mawr wedi dod i ben erbyn hynny. Byddai wedi dioddef ei brofedigaeth ymhell o gartref, ac wedi colli claddu ei fam. O fewn dwy flynedd arall roedd wedi colli ei chwaer Catherine hefyd, a hithau yn ddim ond 19 oed.

Rhwng Dau Ryfel

Y byd yn newid

Y N DILYN DIWEDD y Rhyfel Mawr daeth newidiadau enfawr i Ewrop. Enillodd y Ffindir, Estonia, Latvia a Lithuania annibyniaeth o Rwsia. Ffurfiwyd Tsiecoslofacia ac Iwgoslafia allan o lanast Awstria-Hwngari. Ymddangosodd Gwlad Pwyl fel gwlad annibynnol unwaith eto. Ffurfiwyd Gwladwriaeth Rydd Iwerddon yn 1921. Ni ddaeth y newidiadau hyn heb derfysg, a chafwyd sawl rhyfel cartref. Yn Rwsia, yn raddol yr oedd y Bolsieficiaid yn ennill tir. Erbyn 1924 yr oeddent mewn rheolaeth lawn a daeth yr Undeb Sofietaidd i fodolaeth.

Yr oedd Cytundeb Versailles wedi cael ei arwyddo ar 28 Mehefin 1919 ym mhresenoldeb y tri phrif wladweinydd, Georges Clémenceau prif weinidog Ffrainc, David Lloyd George prif weinidog Prydain ac Woodrow Wilson arlywydd yr Unol Daleithiau – pob un ohonynt yn gobeithio am heddwch trwy Ewrop a bywyd gwell trwy'r byd. Un o lwyddiannau Cytundeb Versailles ar y dechrau oedd ffurfio Cynghrair y Cenhedloedd fel ffordd o gynnal heddwch rhyngwladol ac i warchod democratiaethau newydd. Yn anffodus methodd yr Unol Daleithiau ag ymuno, ac ni wahoddwyd yr Almaen na'r Undeb Sofietaidd ar y dechrau. Gwell oedd gan sawl gwlad beidio â chytuno i unrhyw gytundeb heddwch. Yn Asia, yr oedd Japan yn anfodlon ar gyfyngiadau i ddatblygu ei lluoedd arfog. Felly, aflwyddiannus oedd ymdrechion Cynghrair y Cenhedloedd, ac ofer fu uchelgeisiau Cytundeb Versailles.

Teimlodd Ewrop effaith yr argyfwng economaidd yn yr Unol Daleithiau yn dilyn Cwymp Wall Street yn 1929 a hynny ar ben effeithiau niweidiol y Rhyfel Mawr. Disgynnodd cynnyrch diwydiannol ac amaethyddol, cynyddodd diweithdra a thlodi. Arweiniodd hyn at symudiadau gwleidyddol eithafol, yn enwedig felly yn yr Almaen a'r Eidal, ble daeth ffasgiaeth Hitler a Mussolini i'r amlwg.

Yn yr Almaen, mewn gwrthwynebiad i Gytundeb Versailles, ffurfiwyd plaid y Natsïaid dan arweiniad Adolf Hitler. Gyda thwf y Natsïaid, ynghyd ag argyfwng economaidd, daeth Gweriniaeth Weimar yn yr Almaen i ben.

O ddod i rym yn 1933, dechreuodd Hitler ymgyrch i ddychwelyd yr Almaen i safle o bŵer rhyngwladol enfawr. Yn 1936 enillodd y Rheindir i'r gorllewin. Gyrrodd Hitler a Mussolini gymorth milwrol i'r Cadfridog Francisco Franco i oresgyn y llywodraeth yn Sbaen. Erbyn 1937 yr oedd yr Almaen, yr Eidal a Japan wedi tynnu allan o Gynghrair y Cenhedloedd. Aeth Japan ymlaen i ymosod ar ogledd Tsieina. Ym Mawrth 1938 meddiannodd Hitler Awstria, ac ym Mawrth 1939 fe feddiannodd ran orllewinol Tsiecoslofacia, y Sudetenland, a chan anwybyddu protestiadau Prydain a Ffrainc, meddiannodd Wlad Pwyl ym Medi 1939.

Yn y cyfamser, ymysg y nifer o delerau cadoediad 1918, yr oedd gorchymyn i'r Almaen ildio eu holl U-boats i Brydain, gan hefyd ddinistrio neu dynnu yn ddarnau'r rhai oedd yn y broses o gael eu hadeiladu. Gyrrwyd yr U-boats a ildiwyd i Brydain, yr Unol Daleithiau, Ffrainc, yr Eidal a Japan, i gael eu hastudio'n fanwl.

Yn anffodus i'r Cynghreiriaid, roedd yr Almaen wedi cadw'r cofnodion oedd yn llawn gwybodaeth fanwl a'r arbenigedd technegol eithriadol ar gyfer adeiladu llongau tanfor, yn ddirgel. Trosglwyddwyd y dogfennau i lynges newydd yr Almaen, y Kriegsmarine (1919-35). Yn fuan yr oedd yr Almaen yn marchnata eu gwybodaeth arbenigol, gan werthu cynlluniau'r U-boat i Japan, ac yn gweithio'n agos gydag iardiau llongau yn yr Ariannin, yr Eidal a Sweden. Rhag iddynt gael eu gweld yn torri gofynion Cytundeb

Versailles, ym mis Gorffennaf 1922 crëwyd cwmni yn yr Hague yn yr Iseldiroedd oedd yn ymateb yn uniongyrchol i'r swyddfa Almaenig yn Kiel. Trwy hynny fe adeiladwyd yn gyfrinachol ddwy long danfor ar gyfer Twrci ac yr oedd yr Almaen yn rhan o hyfforddi criwiau ar eu cyfer. Yn ddiweddarach adeiladwyd llongau tanfor i'r Ffindir hefyd.

Erbyn 1934 yr oedd yr Almaen yn llawn bwriad i adeiladu llongau tanfor i'w dibenion eu hunain. Byddai'r rhain o wahanol fathau a meintiau. Serch hynny, yr oedd Hitler, mewn grym ers Ionawr 1933, yn petruso rhag symud ymlaen gyda'r adeiladu rhag tramgwyddo Prydain. Ni chytunodd Hitler i'r adeiladu tan 1 Chwefror 1935.

Yn ystod y cyfnod hwn bu arbrofi eang ar sawl model o'r llong danfor, ond yn y diwedd penderfynwyd ar un model yn arbennig, yr MVBVII. Hwn fyddai asgwrn cefn llynges yr U-boats yn ystod yr Ail Ryfel Byd, er bod sawl model arall wedi'i adeiladu yn y cyfamser. Byddai sawl math gwahanol o'r MVBVII hefyd yn cael eu datblygu. Mewn amser byddai'n cael ei adnabod fel y Teip VII. Rhoddwyd gorchymyn i ddechrau adeiladu'r Teip VII yn Ionawr 1935, prin ddeufis cyn i Hitler ddiarddel telerau Cytundeb Versailles. Dechreuwyd ailarfogi yn ddiymdroi. Ar 18 Mehefin 1935 arwyddwyd cytundeb rhyfeddol rhwng Prydain a'r Almaen oedd yn caniatáu i'r Almaen nid yn unig i godi cyfartaledd maint y Reichsmarine o'i chymharu â'r Llynges Brydeinig i 35%, ond hefyd yn caniatáu i nifer o longau tanfor yr Almaen godi i 45% o gyfanswm llongau tanfor y Llynges Brydeinig. Yr oedd hyn yn gryn lwyddiant i'r Almaen.

Ar 1 Ionawr 1936, penodwyd Karl Dönitz yn gomander yr U-boats (Führer der Unterseeboote). Yr oedd eisoes wedi cael gyrfa lwyddiannus yn y Reichsmarine ac wedi bod yn gomander ar longau tanfor ers dechrau'r Rhyfel Mawr. Ond yn dilyn ymosodiad ar un ohonynt yn 1918, fe'i cymerwyd yn garcharor rhyfel gan Brydain tan 1919. Dychwelodd i'r Almaen yn 1920. Dringodd y rhengoedd rhwng y ddau ryfel byd ac fe'i dyrchafwyd i fod yn Konteradmiral ychydig cyn yr Ail Ryfel Byd. Fel yr Oberbefehlshaber der Wehrmacht (Pennaeth y Lluoedd Arfog), gan Hitler ei hun oedd y rheolaeth fwyaf ar yr U-boats. Oddi tano roedd yr Oberbefehlshaber der Marine (Prif Bennaeth y Llynges), swydd a ddaeth i Karl Dönitz mewn amser.

Byd James Parry

Yn ôl yn Aberdaron, ganwyd plentyn arall i James a Mary Parry ar ôl y Rhyfel Mawr, sef Margery, ar 6 Mawrth 1919. Mae'n debyg iddi hithau gael ei henwi ar ôl ei nain, mam James. Nid oedd James ar y môr yn ystod genedigaeth Margery, ac nid oedd ei fordaith nesaf tan fis Gorffennaf. Roedd yn amser braf, gyda'r rhyfel wedi dod i ben, ac yr oedd magu plentyn yn rhyw gysur o ystyried y boen o golli eu mab dair blynedd ynghynt. Yr oedd y teulu yn dal i fyw yn 2 Pensarn, Aberdaron, ac felly y bu yn ystod blynyddoedd cynnar Margery, er bod gyrfa James yn golygu ei fod ymhell o gartref y rhan fwyaf o'r amser. Yr oedd James yn dal i dalu rhent am eu cartref i Jason a Mary Jones tan fis Mai 1940, gan dalu erbyn hynny £2 pob chwe mis – tua £160 heddiw.

Cafodd James Parry drwydded i fod yn is-gapten llong yn teithio dramor ym Mhorthmadog ar 4 Ebrill 1921. Ond ni chafodd ei benodi i'r swydd tan ar yr *W. I. Radcliffe* ar 22 Gorffennaf 1927, y llong a orffennodd ei dyddiau flynyddoedd wedyn yn nwylo'r Llynges Almaenig. Ar ddiwedd cyfnod ar long, byddai'n arferol i James gael llythyr ysgrifenedig gan y capten i dystio ei fod wedi cyflawni ei waith yn foddhaol. Yn ogystal yr oedd yn angenrheidiol iddo basio arholiadau cymorth cyntaf, dan ofal Cymdeithas Ambiwlans Sant Ioan ac fe wnaeth hynny yn 1919 ac yna yn 1925.

Erbyn 1932 yr oedd James wedi cyrraedd ei nod o fod yn feistr ar

James yn ŵr ifanc.

long yn teithio dramor, er ei fod wedi derbyn tystysgrif o'i gymhwyster ers 17 Medi 1925, pan oedd yn dal ar yr *W. I. Radcliffe*. Fe'i penodwyd gan y perchnogion, Evan Thomas Radcliffe & Co. i fod yn gapten y *Peterston*, y bu'n is-gapten arni cyn hynny. Mae sôn iddo gael y dyrchafiad wedi marwolaeth sydyn capten y *Peterston* tra oedd ar fordaith. Cymerodd James gyfrifoldebau'r capten yn llwyddiannus, ac fel cydnabyddiaeth gan y cwmni fe'i dyrchafwyd.

Yr oedd Evan Thomas Radcliffe & Co. yn un o gwmnïau llongau mwyaf llewyrchus ac enwog Caerdydd. Dechreuodd y cynnydd mawr yn y diwydiant llongau yng Nghymru yn yr 1880au, yn sgîl gofyn byd-eang am lo rhydd Cymreig. Câi ei ystyried fel y tanwydd gorau i longau, ffatrïoedd a rheilffyrdd y cyfnod. Symudodd nifer o berchenogion llongau cyfoethog i Gymru, llawer ohonynt o orllewin Lloegr ac Ynysoedd y Sianel. Ar ddechrau'r Rhyfel Mawr roedd dros 120 o gwmnïau llongau â swyddfeydd yng Nghaerdydd, y rhan fwyaf yn Stryd Bute. Roedd y cwmnïau'n adeiladu eu llongau yng ngogledd ddwyrain Lloegr, lle roedd yr arbenigedd gorau. Llongau sylfaenol oeddent, yn rhad i'w hadeiladu a'u rhedeg. Serch hynny, roeddent yn hynod o addas i'r môr, ac iddynt hir oes. Roeddent yn cael eu galw'n drampiaid – *tramp steamers*. Gwaith y llong dramp oedd hwylio o borthladd i borthladd, yn cynnig ei gwasanaeth i'r rhai oedd yn cynnig mwyaf o arian. Yn achos y trampiaid

James yn gapten ar fwrdd ei long.

o Gymru, glo rhydd oedd y cargo arferol i'w allforio, gan ddychwelyd gyda grawn, mwynau, coed a gwahanol nwyddau. Yn aml byddai'r trampiaid oddi cartref am flwyddyn ar y tro.

Yn amlach na pheidio roedd criw y trampiaid neilltuol yma'n dod o orllewin Cymru, yn enwedig o siroedd Aberteifi a Phenfro. Nid oedd yn anghyffredin i'r holl griw ddod o'r un ardal.

Sefydlwyd cwmni Evan Thomas Radcliffe & Co. yn 1882 gan gapten llong o Geredigion, Evan Thomas, a gŵr busnes o Ferthyr Tudful, Henry Radcliffe. Fel llawer o'r cwmnïau o Gaerdydd, hyd at 1939 un o brif weithgareddau'r cwmni oedd cludo glo rhydd Cymreig, gyda'r fasnach ar ei gorau ychydig cyn y Rhyfel Mawr. Yn y blynyddoedd cynnar roedd y cwmni yn llwyddiannus iawn yn cludo glo rhydd i orllewin Ewrop a Môr y Canoldir, ac yna ymlaen i'r Môr Du, gan ail-lenwi gyda grawn o dde Rwsia. Erbyn dechrau'r Rhyfel Mawr yr oedd gan y cwmni 28 o longau. Ond cafwyd colledion mawr yn ystod y rhyfel, a suddwyd 20 o longau. Er derbyn iawndal sylweddol, ni ruthrodd y cwmni i fuddsoddi mewn llongau newydd. Ond er y dirwasgiad yn nechrau'r 1920au, gan ragweld amser gwell i ddod, dechreuodd y cwmni fuddsoddi mewn llongau newydd yn 1925. Bu'r Ail Ryfel Byd yr un mor drychinebus, a suddwyd 11 o'u llongau. Pump llong yn unig ddaeth trwy'r rhyfel heb ddifrod. Ar ôl y Rhyfel Mawr, yn unol â phenderfyniadau'r llywodraeth, prynu llongau o'r Unol Daleithiau a Chanada wnaeth Evan Thomas Radcliffe & Co. gan amlaf, yn hytrach na disgwyl i longau gael eu hadeiladu ym Mhrydain. Eithriad oedd y cwmni yma yn hyn o beth. Erbyn 1930, 77 cwmni oedd â swyddfeydd yng Nghaerdydd, a thua 20 cwmni erbyn 1939. Dros gyfnod o gan mlynedd bu Evan Thomas Radcliffe & Co. yn berchen ar dros 100 o longau. Daeth y cwmni i ben yn yr 1980au.

Mae'n debyg mai diwedd yr 1930au oedd yr amser hapusaf i James a'i deulu. Ar ei ymweliadau adref byddai James yn dod ag anrhegion o bedwar ban y byd, gan gynnwys pethau eithaf egsotig fel llestri, addurniadau, dillad a lluniau o'r Dwyrain Pell. Gallai'r teulu gysylltu gyda'i gilydd trwy lythyr neu delegram.

Pan ddaeth Edward VIII yn frenin ar 20 Ionawr 1936, yr oedd y *Peterston* ym Mariupol yn yr Wcráin. Yno derbyniodd James delegram

Telegram i James ym Mariupol adeg penodi'r Brenin. Oherwydd ei ymddiorseddiad ni chafodd Edward VIII ei goroni.

gan Evan Thomas Radcliffe & Co. yn gorchymyn iddo dalu diwrnod ychwanegol o gyflog i'r criw i gyd, gan gynnwys iddo'i hun fel capten, i ddathlu'r digwyddiad!

Gartref roedd Margery yn nodi mewn llyfryn bach y porthladdoedd yr oedd y *Peterston* wedi hwylio i mewn ac allan ohonynt, a'r lleoedd yr oedd wedi'u pasio ar ei thaith. Roedd wedi gadael Sabang, Indonesia ar 11 Gorffennaf 1936, wedi mynd trwy gamlas Suez ym mis Awst, wedi hwylio drwy gulfor Gibraltar ar 16 Awst, cyn cyrraedd Santander yn Sbaen, yna Rotterdam ac wedyn West Hartlepool. Roedd mordaith fer arall ym mis Medi, cyn cyrraedd dociau Manceinion. Gadawodd y *Peterston* Fanceinion ar 20 Hydref 1936, gan alw yn y Barri, a gadael yno ar 2 Tachwedd 1936 ar fordaith i Istanbul. Yn ôl llyfryn Margery, ar 4 Ionawr 1937 roedd y *Peterston* yn Cristobal a Balboa, dau borthladd agos at ei gilydd yn Panama. Ar ôl mordaith i Vancouver, roedd yn ôl yn Cristobal ar 22 Chwefror 1937.

Yn Nhachwedd 1937 gyrrodd James lythyr at Margery oddi ar y *Peterston*. Yr oedd wedi'i gyfeirio at Madeli – dyna oedd yn galw Margery. Tybed oedd Margery yn methu ynganu ei henw'n gywir pan oedd yn blentyn bach? Llythyr wedi'i deipio oedd hwn, a'r tro cyntaf i James ddefnyddio teipiadur. Y mae'n ymddiheuro am y camgymeriadau, ond yn amlwg ei fod yn teimlo'n falch o fod wedi gallu ei ddefnyddio. Yr oedd wedi benthyg y teipiadur gan yr is-gapten tra roedd hwnnw'n peintio'i gaban. Mae'n sôn eu bod wedi hwylio o Buenos Aires, yr Ariannin, cyn cyrraedd St. Vincent ym Môr y Caribî. Yr oeddent yn gobeithio cyrraedd Hull cyn diwedd y mis. Y mae'n holi sut oedd pawb gartref ac yn gofyn a oedd y 'cadeiria yn plesio' ac a oedd y letys yn barod i'w bwyta – er mai mis Tachwedd oedd hi! Efallai ei fod wedi anghofio ar y pryd ei fod ef yr ochr arall i'r byd, ac yn mwynhau tywydd tipyn gwell nag yn Aberdaron! Yr oedd ei *wireless* yn gweithio'n reit dda, ac yr oedd yn cael y newyddion ac ambell i gyngerdd arni. Mae'n sôn yn hwyliog am ei ddannedd gosod!

Mae fy nannedd i yn ffitio yn iawn rwan. Fyddaf ddim yn gwbod ei bod gen i bron iawn. Wyt ti yn cofio y sgyrmans y noson honno i trio ei tynu. Fedrwn i ddim agor fy ngheg na ei chau. Fuo fath beth ar fy mhen i erioed a titha a dy fam ddim ond chwerthin am fy mhen i.... O ia, diolch am y snaps. Rhai reit dda i gyd ond ydi y dannedd newydd ddim i'w gweld rhyw blaen iawn.

Mae'n gorffen y dudalen fel hyn, 'Wel Madeli, rhaid i mi ddiweddu rwan. Mae y paper yn mynd yn skiwiff gen i.' Mae'n cadarnhau mai yn Hull y byddai'r llong yn dadlwytho am rai dyddiau a bod croeso i Mary a Margery ddod i'w gyfarfod yno.

Trwy gydol 1937 roedd Margery wedi nodi mordeithiau y *Peterston*, gan enwi porthladdoedd fel Casnewydd, Genoa, Istanbul, Mariupol, Algiers a Montreal ac fe nodwyd ei bod wedi gadael Caerdydd am Buenos Aries, a phorthladdoedd San Lorenzo a Roario yn yr Ariannin.

Câi Mary a Margery ymweld â James ar y llong pan fyddai mewn porthladd. Yr oedd yn rhaid cael trwydded arbennig, a rhoddwyd un iddynt gan Adran yr Heddlu yn Hull, tra roedd y *Peterston* yn Noc Alexandra ar 26 Tachwedd 1937.

Yn ogystal â hyn yr oedd Mary a Margery yn cael mynd ar ambell i fordaith hefyd. Er mai llong fasnach oedd y *Peterston*, yr oedd arni, fel llongau eraill cyffelyb, ychydig o gabanau i deithwyr.

Nadolig heb James gafodd Mary a Margery yn 1937. Nododd Margery i'r *Peterston* hwylio o'r Barri ar 26 Rhagfyr 1937 gan gyrraedd Alexandria yn yr Aifft yn Ionawr 1938. Gadawodd Suez ar 15 Ionawr i gyrraedd Awstralia ar 12 Chwefror. Gadawodd Awstralia ar 21 Chwefror a chyrraedd Port of Natal (Durban) yn Ne Affrica ar 14 Mawrth. Erbyn 4 Ebrill 1938 roedd wedi cyrraedd Dakar, prif ddinas Senegal yng Ngorllewin Affrica.

Yn amlach na pheidio, oddi cartref fyddai James ar achlysuron fel y Nadolig a phen-blwyddi. Gyrrodd gerdyn post oddi ar y *Peterston* ar 14

EVAN THOMAS RADCLIFFE & CO., Steamship Owners, Cardiff.

Steamship...... PETERSTON

at...... Dock or Berth ...... Port of ...AT SEA......

a.m. ~~SAT~~ I) day the ...SUN... day of ...TUES 2nd NOV 1937... 19

My last letter to you was dated...... day the...... day of...... 19

Anwyl Madeli
        Dyma fi yn anfon gair bach i ti gan ddisgwyl dy fod
yn iach fel ag yr wyffina.Wel fel y gweli mi rwyf yn dechreu dysgu typio
heno a mae yn shwr y bydd yna lawer o mistakes ynddo cyn y byddaf wedi ei
orffen os byddaf mor slow ag ydwyf rwan mae arnaf ofn na fyddaf ddim
wedi ei orffen erbyn y byddaf yn ST VINCENT nos sul ydi hi heno y sul
diwedda y mis yma i ti gael gwbod erbyn pa bryd byddaf wedi ei orffen.
Wedi cael menthyg y typewriter ymaydwyf gan y mate i mi gael dysgu tre
byddD o yn paintio ei room ni brynaf un fy hyn os gwelaf un yn rhywle go
rhad ond mae gwaith studioosobor arni i gael y gairia yn iawnar spaces
rhwng pob un nes yr wyf yn chwysu wrthi hi yma i drio cael pob dim yn
iawn.Wel i ddechreu deud wrth dy fam fy mod yn gofyn am dani a disgwyl
ei bod ynAI fel ag yr wyf finnau mi fyddaf adre just iawn gyn gyntad a
hwn rwyf yn disgwyl . mI ddarym adael.BA.bore dydd mercher a mi rwyf yn
disgw l cyrhaedd st viNcent o gwmpass y 12 or mis NOv. a home port rhywle a
lled debyg mae Hull fydd o tua 24th.inst;Well mi rwyf am rhoid goreu iddi hi
henopaid a chwerthin llawer am ben hwn cofia mae practisio yr wyf wel solong
am heno mi rof bwt eto yfory xxxx.
dymafi yn dechreu ronyn eto heddyw er nad oes gen i fawr ddim iddeudneilldol
miydan yn cael tywydd right braf heddyw a mae yn debyg y cawn am rhai dyrno
dia eto dan nes y byddwn wedi gadael St Vincent.mi rwyf yn disgwl y bydd
yna lythurimi i ateb yr air mail letter yris i or plate a dipin o news
hanes pawb a pob peth ar latest ,syd mae y cadeiria yn plessio arhywbeth
(ellu) a ydi y lettuce yn barod ibwyta bellach mae shwr y byddan yn union
deg)mae fy wireless yn gweithio yn right dda o hyd mi fyddaf yn cael y
news pob dydd ag ambell i concert arni hi. Ydi un chwi yn gweitho yn iawn
o hyd , Mae fy nhanedd i yn fitio yn iawn rwan fyddaf ddim yn gwbod ei bod
gen i bron iawn wyt ti yn cofio y sgyrmance y noson hono i trio ei tynu
fedrwn i ddim agor fy nghegnai ei chau fuo fath beth ar fy mhen i erioed
a titha a dy fam ddim ond chwerthin am fy mhen i,OHia diolch am y snaps
rhai right dda i gyd ond ydi y dannedd newydd ddim iw gweld rhyw blaen iawn
chwaith mi rhois rhai ir chief llun ei fam a fynta a ni ein tri mi wyf
yncadw ylleill i gyd a diolch yn fawr am danynt;ydwi byth wedi sgrifenu i
MrWood mi wnaf o Hull os mae fano yr awn iddadlwytho ond ella y daw ir llong
mae right agos iddo yno.Os leciwch chwi mae croesaw i chwi dod ir llong
y tro yma eto tre byddwn yn dadlwytho mae shwr y byddwn rhai dyrnodia wrthi.
Mi yraf wire ichwi pan fyddaf yn y channel i ddeud i ble y byddwn yn mynd.
Wel mAdeli rhid imi ddiwedd rwan mae y paper yn mynd yn skiwiff gen i.

        so long;xxxxxxxxxxxx

our N Dad. mae yna amrhyw o mistakes ag ambell i capital heb fod mewn lle iawn. ond go dda ynto tro gynta erioed i mi drio.

Llythyr cyntaf James ar y teipiadur – a'r llinellau wedi mynd yn 'skiwiff' ar y gwaelod!

Rhagfyr 1938 i ddymuno Nadolig Llawen a blwyddyn newydd dda i Mary a Margery. Yr oedd ar ei ffordd i Necochea, yr Ariannin, i lwytho am adref. Yn sicr, fe fyddai'n meddwl llawer am gartref, ac yn breuddwydio am adeiladu tŷ i'r teulu yn Aberdaron. Byddai'n diddori'i hun trwy fraslunio cynlluniau o'r tŷ. Mewn amser i ddod, byddai tŷ yn cael ei adeiladu, yn union fel yr ymddangosai yn ei frasluniau. Roedd y cynllun yn debyg iawn i dai sawl capten llong ar hyd arfordir Llŷn. Yn nodweddiadol, roeddent yn dai eithaf mawreddog yn wynebu'r môr, gyda ffenestri bae a feranda yn y canol – yn siŵr fe fyddai'r capten yn sefyll yno i edrych allan ar y môr, yn union fel y gwnâi o bont ei long.

Rhwng Awst 1938 a Mai 1939, gyrrodd James nifer o delegramau oddi ar fwrdd y *Peterston*. Nid yw'n glir o ble yr anfonwyd y rhain, er bod un ohonynt o Rajputana yn India. Roedd y negeseuon mewn côd, yn cael eu prosesu gan Portishead Radio. Gorsaf radio yng Ngwlad yr Haf, Lloegr,

Y *Peterston*.

Cynllun James o'r cartref newydd.

oedd hon, yn darparu cysylltiadau arforol ac awyrennol byd-eang o 1928 hyd mor ddiweddar â 2000. Bu iddi chwarae rhan hanfodol yn ystod yr Ail Ryfel Byd, i sicrhau cysylltiad gyda llongau'r Llynges Fasnach, yn enwedig yng ngogledd Môr Iwerydd.

Mae enghreifftiau o delegramau James fel a ganlyn:

- 22 Awst 1938
  o SYCAG QOGYR GEXEW SYNEC
    § Birthday greetings and kind regards
    § Unable to get ashore here, vessel off at anchor, and no boats available
    § Awaiting orders
    § Fondest love to you both

- 13 Hydref 1938
  o OJCZA QOCIQ UDCAV IQFYX RUBAV SYNEC
    § Sailed yesterday
    § Now proceeding to
    § Hull
    § Expected to arrive
    § October 25
    § Fondest love to you both

- 28 Ionawr 1939
  - o IQFYX TEWYR REXYK QODYG SYNEC
    - § Expected to arrive
    - § Antwerp, Belgium
    - § 30
    - § Post letter now to meet me on arrival
    - § Fondest love to you both

- 19 Ebrill 1939
  - o OIVUS TIYYR SYNEC
    - § Return for
    - § Kobe, Japan
    - § Fondest love to you both

- 17 Mai 1939
  - o OJCYQ QOCOR TIQUM PUHEW IDVOP
    - § Sailed today
    - § Now proceeding to ... for wireless orders
    - § Fremantle, Western Australia
    - § Write as often as possible
    - § Care of the agent here

Roedd gan Mary a Margery lyfr penodol a manwl i ddehongli'r negeseuon – *The "Stand-By" Nautical Telegraph and Radio Code*, llawlyfr a gyhoeddwyd gyntaf yn 1934.

Ar 2 Mawrth 1939 gyrrodd James lythyr at Margery i ddymuno penblwydd hapus iddi yn ugain oed ar y chweched. Erbyn hynny yr oedd y *Peterston* nepell o Tunis ac yn disgwyl cyrraedd Alexandria yn yr Aifft, yn fuan. Yr oedd y fordaith wedi cychwyn yng Nghasnewydd, ble roedd James wedi gadael Mary a Margery. Disgrifiodd James y tywydd anffafriol a gafwyd ar ddechrau'r daith, a'i fod wedi dal annwyd, mae'n debyg ar ôl bod ar y 'bridge' yn rhy hir wrth basio Gibraltar. Yr oedd cathod yn darganfod eu ffordd ar fwrdd y llong. Yr oedd un o'r enw Smoky wedi

Un o delegramau James oddi ar y Peterston, mewn cod.

Llawlyfr datrys cod Margery.

gweld ei ffordd i gaban James ac wedi gwthio oddi tan y dillad gwely. Yn amlwg, ni chafodd lawer o groeso, a chafodd ei gyrru allan! Roedd cath arall, Ginger, wedi mynd i'r lan yng Nghasnewydd, a dyna'r tro diwethaf iddi gael ei gweld. Yna mae James yn holi sut yr oedd cynlluniau'r tŷ newydd yn Aberdaron yn dod yn eu blaen. Yr oedd yn awyddus i'r sylfeini gael eu rhoi yn eu lle ac i ddechrau adeiladu gyda thywydd braf yr haf ar ei ffordd. Gobeithiai y byddai Margery yn gallu tynnu lluniau o dro i'w gilydd i ddangos sut yr oedd yr adeiladu'n datblygu, a'u gyrru iddo. Gofynnodd a oedd Mary a Margery wedi penderfynu beth i alw'r tŷ. Holodd hefyd a oedd Mary wedi 'rhoid ei fur eto i fynd i'r pentre neu i'r capel?' Cyfeiriad oedd hwn mae'n debyg at anrheg o ffwr llwynog a wisgai merched o gwmpas eu gyddfau yr amser hwnnw! Roedd yn anrheg fyddai wedi plesio yn ystod y cyfnod.

Ar ddydd Llun y Pasg 1939 ysgrifennodd James lythyr arall at Margery oddi ar fwrdd y *Peterston*. Yr oedd wedi gadael Kosseir yn yr Aifft, ar lannau'r Môr Coch ac yn nesáu at Ynysoedd y Maldives, gan anelu am dde Ceylon. Yn Kosseir roedd wedi gweld cwrel yn tyfu ar waelod y môr. Fe dalodd swllt i 'ryw hen gwb bach' i ddeifio i gael rhai. Roedd James am eu cadw i Margery.

Yng nghanol yr ysgafnder, y mae'n amlwg bod James yn poeni am ryfel. Mae'n ysgrifennu,

Beth ydach chwi yna yn feddwl efo y twrw yma? Rwyf yn disgwyl na ddaw ddim yn rhyfel eto. Efo Italy rwan mae y twrw ynte. Ers ron bach mi oedd hefo Germany, ond mae shŵr mai pasio wneith hyn eto a gwneud rhyw agreement efo Greece mae shŵr wnan nhw rwan run fath ag efo Poland... Os ydi am ddwad yn rhyfel mi faswn yn lecio iddynt weitiad nes y cawn ni buildio y tŷ beth bynnag neu ddwad cyn iddynt ddechreu, rhag ofn na fydd dim posib cario yn mlaen efo fo pe tasa ar hanner i wneud. Mae shŵr fod y clawdd wedi orffen erbyn rwan yn daclus, a bydd torri sylfaen yn reit handy dwi disgwl os ydi y planio a phopeth wedi dwad trwyddi yn alright... Oes yna dipyn o joinio yr army yna rwan, clywed fod galw am volunteers, ond oes helynt yn y byd yma yn does, ond ella eith heibio eto fel pob dim.

Ar fwrdd y *Peterston* ym mhorthladd Kobe, nepell o Osaka yn Japan, yr ysgrifennwyd y llythyr nesaf i Mary a Margery, ar 4 Mai 1939. Yn ystod y dydd roedd wedi bod o gwmpas y dref gyda chapten llong arall, ac asiant Evan Thomas Radcliffe & Co. Yr oedd wedi bod i ben rhyw fynydd ac yn cwyno, 'mae nghoesa i yn mynd o hyd, a finna ar ôl passage mor hir heb gerdded rhyw lawer.' Mae'n amlwg fod Kobe yn dref lewyrchus gyda digon o gyfle i wario – cafodd wadnu dau bâr o esgidiau, prynodd ddau grys sidan newydd, 'cufflinks' Damascene a breichled o'r un peth. (Damascene yw'r grefft o osod aur neu arian ar fetel cyffredin.) Yr oedd hefyd wedi 'prynu coffee set eto, un cherrywood elli di dropio ar lawr a wnawn nhw ddim torri. Maent yn laquer du a gold. Maent yn ddel i ryfeddu a dau tray i'w canlyn. Welis i run erioed o'r blaen run fath a nhw a hefyd cocktail set o run petha, six o glasses a shaker a tray. Mi fydd y rhai yma yn ddel wedi ei gosod ar y tray ar rhyw fwrdd bach neu sideboard. Dwi shwr y gwewch wironi efo nhw.'

Y mae James yn dal yn awyddus i ddechrau adeiladu'r tŷ gartref, er yn boenus am bosibilrwydd o ryfel. Mae'n ysgrifennu, 'Ella efo'r helynt yma i gyd na fydd dim eto yn diwedd ond llawer o sharad, er maent wedi dechrau ar conscription hefyd yn tydi. Mae yn debyg y bydd amrhyw o hogia o ffordd yna yn cael i'w galw i fynd am training, ond mi wneith les i lawer yn lle bod ar y dole a da i ddim.' Nid oedd wedi clywed i ble roedd y fordaith nesaf, ond yr oedd yn amau efallai y byddai'n hwylio ar draws y Môr Tawel i Vancouver.

Yr oedd un o delegramau eraill James yn awgrymu, mewn côd, ei fod yn Kobe ar 19 Ebrill 1939 hefyd, ac un arall yn awgrymu ei fod yn hwylio am Fremantle, Gorllewin Awstralia, mewn mis wedyn. Rhyfedd meddwl fod Kobe yn ganolfan fechan ar gyfer atgyweirio batris U-boats yr Almaen, gyda rhywfaint o atgyweirio cyffredinol yn digwydd yno hefyd.

Ryw ffordd neu'i gilydd roedd Margery yn dal i gael gwybod pa borthladdoedd roedd y *Peterston* yn ymweld â nhw, ac yn eu nodi yn ei llyfryn bach. Trwy 1939 mae'n nodi mannau fel Casnewydd, Gibraltar, Alexandria, Port Said, Kosseir (yr Aifft), Sabang, Kobe, Fremantle, Durban, Freetown, Avonmouth a Chaerdydd. Â'r Ail Ryfel Byd newydd ddechrau mae'r cofnod olaf a ysgrifennodd Margery yn nodi bod y *Peterston* yn gadael Caerdydd ar 29 Medi 1939, pasio Gibraltar ar 7 Hydref a chyrraedd Port Said ar 17 Hydref. Gadawodd Suez ar 1 Tachwedd 1939. Nid oes cofnod i ble'r hwyliodd oddi yno, ond yn ôl i Brydain, mae'n debyg.

Gartref yr oedd cynlluniau'r tŷ newydd wedi'u cwblhau, a chytundeb i'w adeiladu am £998.3s.6d. wedi'i arwyddo ar 29 Gorffennaf 1939. Fe'i hadeiladwyd ar dir fferm Bodernabwy, gan llath o Anhegraig, hen gartref Mary.

Byd Asmus Nikolai Clausen

Saith oed oedd Nikolai pan ddaeth y Rhyfel Mawr i ben. Yr oedd eisoes wedi profi erchylltra rhyfel o'i gartref yn Flensburg. Er mai ar gyrion yr Almaen oedd y dref, fe fyddai wedi gweld milwyr yn eu lifrau yn gymysg gyda thrigolion a llongwyr masnach ar y strydoedd. Byddai'n ymwybodol fod Ysgol Forwrol Mürwik o fewn tafliad carreg. Efallai iddo ddeall am ymddiorseddiad Kaiser Wilhelm II yn Nhachwedd 1918, ac yn sgîl hynny brofi ansefydlogrwydd a thrais cynyddol. Sefydlwyd Gweriniaeth y Weimar yn Chwefror 1919. Mewn ychydig cododd gwrthryfel ffyrnig rhwng sawl carfan o'r dde a'r chwith mewn nifer o ddinasoedd trwy'r Almaen. Rhwng 1919 ac 1923 wynebodd Gweriniaeth y Weimar gyfres o broblemau ariannol, gan syrthio'n ôl ar iawndaliadau, yn enwedig i Ffrainc. Yn Ionawr 1923 gyrrodd Ffrainc filwyr i'r Ruhr, perfeddwlad ddiwydiannol yr Almaen, i feddiannu'u ffatrïoedd a'u mwyngloddiau. Yr oedd yr effaith ar economi'r Almaen yn drychinebus. Trwy hyn i gyd, yn y cefndir yr oedd Adolf Hitler yn cynhyrfu'r dyfroedd ac yn beirniadu'r Weriniaeth yn ddiddiwedd. Methodd ddymchwel y llywodraeth yn Berlin, ac fe'i cafwyd yn euog o fradwriaeth. Ond yr oedd hyn oll wedi rhoi llwyfan iddo i ymosod ar Weriniaeth y Weimar. Er iddo gael ei ddedfrydu i bum mlynedd o garchar yn Chwefror 1924, fe'i rhyddhawyd ar ôl naw mis. Yn y carchar ysgrifennodd gyfrol gyntaf ei faniffesto hunangofiannol enwog, *Mein Kampf* (Fy Mrwydr).

Gyda llywodraeth newydd yn Awst 1923 dan arweiniad Gustav Stresemann, daeth mwy o sefydlogrwydd ariannol, a pherthynas well gyda Ffrainc. Daeth y ffiniau rhwng Ffrainc a'r Almaen, a Gwlad Belg a'r Almaen yn llai fflamychol. Gydag optimistiaeth ryngwladol yn codi, ymunodd yr Almaen â Chynghrair y Cenedloedd yn 1926. Ond daeth gobaith Ewrop am ddyfodol heddychlon i ben yn dilyn marwolaeth Stresemann yn 1929, ynghyd â Chwymp Wall Street. Yng nghanol yr argyfwng economaidd, ffynnodd y Blaid Natsïaidd. Er eu llwyddiant cychwynnol, disgynnodd nifer seddau y Natsïaid yn etholiad Tachwedd 1932 ond newidiodd pethau gyda phenodi Hitler yn Ganghellor yn 1933. Syrthiodd diweithdra yn sylweddol. Tyfodd diwydiant. Yr oedd chwyddiant yn isel, a chyflogau'n gyson. Serch hynny, nid oedd yr economi yn gryf, gyda chyfran helaeth o wariant yn mynd ar ailarfogi.

Ymledodd rheolaeth y Natsïaid i gymdeithas. Gwaharddwyd pob mudiad ieuenctid ar wahân i'r Hitler Youth. Yn ôl slogan y Drydedd Reich, *Kinder, Küche, Kirche*, dyletswydd gwragedd oedd gofalu am blant, y gegin a'r eglwys. Trwy hyn i gyd, roedd gwrth-Semitiaeth yn cynyddu'n gyflym.

I lawer yn yr Almaen felly, daeth cyfnod o drefn, tawelwch a chyfoeth,

Nikolai yn gynnar yn ei yrfa.
(Trwy ganiatâd Ine Wenckebach)

ond i eraill cyfnod o arswyd a gorthrwm.

Rhyw fyd cymysglyd ac ansicr oedd hi i Nikolai felly rhwng y ddau ryfel. Ond mae'n debyg iddo gael ei warchod i raddau rhag llawer o'r erchyllderau a'r dioddef, ac iddo gael llencyndod diogel a chyfforddus. Mae'n siŵr iddo gael ei ddylanwadu gan fudiad y Natsïaid, a fyddai'n llywio cwrs ei fywyd i'r dyfodol.

Ac yntau'n 18 oed ymunodd Nikolai â Llynges y Reich, y Kriegsmarine, yn Hydref 1929. Treuliodd y blynyddoedd nesaf yn bwrw ei brentisiaeth ar longau torpido (*T-185* a *G-10*), a hefyd y llong ddysgu hwylio (segelschulschiff) *Gorch Fock*. Llong dri hwylbren oedd hon a gomisiynwyd gan y Kriegsmarine ar 26 Mehefin 1933. Bu'n ddisgybl am gyfnodau yn Ysgol Forwrol Mürwik, yn y dref y'i magwyd ynddi. Ym mis Medi 1935 symudodd i lu newydd yr U-boats, ac ar ôl ychydig fisoedd o hyfforddi ymunodd â'r *U-26* yn Ebrill 1936, dan oruchwyliaeth Kapitänleutnat (Is-gomander) Werner Hartmann. Yn y dyfodol byddai Hartmann yn esgyn i fod yn un o brif gadfridogion y Kriegsmarine, gan ennill rhai o fedalau uchaf y Reich.

Fel pob milwr arall yn y Reich, yr oedd gan Nikolai lyfryn digon tebyg i lyfryn tystysgrifau James Parry, sef y Wehrpass. Fe roddid hwn i bob conscript wrth gofrestru â'r fyddin. Unwaith yn filwr, byddai'r Wehrpass

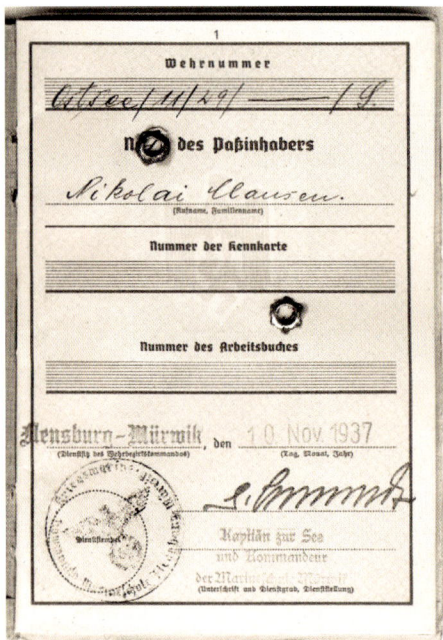

Tudalen gyntaf Wehrpass Nikolai.
(Trwy ganiatâd Ine Wenckebach)

yn cael ei gadw gan yr uned yr oedd yn ei wasanaethu. Byddai'n cael ei ddychwelyd i'r perchennog unwaith iddo adael y fyddin, ac yr oedd yn rhaid iddo'i gadw nes y byddai'n 60 oed. Os byddai'r perchennog yn marw tra oedd yn y fyddin, yna byddai'r Wehrpass yn cael ei yrru i'r perthynas agosaf.

Ar glawr blaen y Wehrpass roedd eryr y Wehrmacht (lluoedd arfog yr Almaen), uwchben swastica'r Natsi. Yn yr 54 tudalen rhwng cloriau Wehrpass Nikolai, mae hanes manwl o'i yrfa filwrol, gan gynnwys rhestr o'r llongau y bu arnynt ac am ba hyd. Y mae llun ohono ar y dudalen gyntaf, yn ei ddillad sifil, fel yr oedd yn arferol, os nad oedd yr unigolyn eisoes yn y fyddin pan ddaethai'r alwad ddrafftio. Ynddo nodwyd manylion am wobrau, dyrchafiadau, salwch ac anafiadau, manylion am ei rieni a datganiad ei fod wedi priodi, er na nodir enw ei wraig.

O fis Mawrth 1937, treuliodd Nikolai rai misoedd dan hyfforddiant i fod yn swyddog, eto yn Ysgol Forwrol Mürwik. Dros y ddwy flynedd nesaf bu'n gwasanaethu ar y llong filwrol *Admiral Graf Spee* fel Is-Lefftenant (Leutnant zur See), ac yna fel Uwch-Lefftenant (Oberleutnant zur See) ar y llong ysgubo ffrwydron *M-134*. Yn amlwg, yr oedd Nikolai yn alluog, ymroddgar ac uchelgeisiol, ac yn esgyn yr ysgol yn y Llynges yn sydyn iawn.

Llun o Nikolai a manylion amdano yn ei Wehrpass.

(Trwy ganiatâd Ine Wenckebach)

Blynyddoedd cynnar yr Ail Ryfel Byd

Y N DILYN YMOSODIAD yr Almaen ar Wlad Pwyl ar 1 Medi 1939, cyhoeddodd Prydain a Ffrainc ryfel arni ddau ddiwrnod yn ddiweddarach, gan ddechrau'r Ail Ryfel Byd yn Ewrop. Un mlynedd ar hugain ar ôl diwedd y rhyfel i ddiweddu pob rhyfel, fe rwygwyd Ewrop a'r byd unwaith eto. Roedd yn rhyfel ar y tir, yr awyr a'r môr.

Cyn pen ychydig oriau o ddechrau'r Ail Ryfel Byd yn 1939, yr oedd yr Almaen wedi defnyddio grym yr U-boats. Roedd y llong deithio *Athenia* ar ddechrau ei thaith o Lerpwl i Montreal. Yn poeni am y dyfodol, ac yn awyddus i adael Ewrop, roedd 500 ffoadur Iddewig, 311 Americanwr, 469 Canadiad a 72 Prydeiniwr ar ei bwrdd yn barod i ffoi i rannau mwy heddychlon o'r byd. Er bod y Capten James Cook a'i griw yn ymwybodol o'r peryglon oedd o'u blaenau, nid oeddent wedi ystyried y byddai ymosodiad ar eu llong. Ond yr oedd Konteradmiral Karl Dönitz eisoes wedi trefnu ei ymosodiadau. Ar 3 Medi 1939 suddwyd yr *Athenia* gan yr *U-30*, heb rybudd, oddi ar arfordir gorllewinol Iwerddon. Yn y drychineb, collodd 93 o'r teithwyr eu bywydau, yn ogystal â 19 o'r criw. Yn anochel o hynny ymlaen roedd rhaid i forwyr masnachol Prydain fod ar y rheng flaen ym mhedwar ban y byd. Am bron i chwe blynedd roeddent i wynebu grym y gelyn, yn ogystal â grym y môr ei hun. Yn fuan wedyn suddwyd y llong cario awyrennau Brydeinig H.M.S. *Courageous*. Ond yr hyn a ddaeth â'r boddhad mwyaf i Hitler oedd ymosodiad llwyddiannus yr *U-47* ar y llong ryfel *Royal Oak* yn Scapa Flow yn Ynysoedd yr Orkneys, safle strategol hynod o bwysig i Lynges Prydain. Gan achosi cryn gywilydd i'r Llynges, dihangodd yr *U-47* o Scapa Flow yn ddi-drafferth.

Yn fuan wedi dechrau'r rhyfel yr oedd yr Almaenwyr wedi darganfod mai'r dacteg orau oedd ymosod gyda'r nos tra roedd y llong danfor ar yr wyneb. Byddai'n anodd iawn i'w gweld, ar wahân i'r ffaith ei bod yn gallu symud yn llawer cynt dan rym disel, yn hytrach na gyda batris o dan y dŵr.

Erbyn 1940 yr oedd yr Almaen wedi dechrau defnyddio tacteg cnud y bleiddiaid yn erbyn confois Prydain. Byddai'r U-boat yn nesáu at y confoi dan wyneb y dŵr. Wedi canfod bwlch yn yr osgordd, byddai'n cyflymu i ganol y confoi, a hynny wedi codi i'r wyneb. Y safle delfrydol i ymosod fyddai ar ongl sgŵar i resi o longau masnach er mwyn gwella'r gobaith o daro'r targed. Y brif nod fyddai ymosod ar danceri olew mawr a llongau cario arfau rhyfel. Fel arfer byddai'r U-boat yn tanio nifer o dorpidos wedi'u hanelu at sawl targed o bellter o rhwng 400 a 1,000 metr. Yna byddai'n gwibio i ffwrdd ar yr wyneb. Os na fyddai wedi cael ei dal gan y gelyn, byddai'n ail-lwytho torpidos cyn dychwelyd i ymosod eto.

Gan fod yr Almaen wedi goresgyn Ffrainc, yr oedd hyn yn creu safleoedd ardderchog i'r Almaenwyr redeg eu hymgyrch ym Môr Iwerydd. Collwyd bron i 500 o longau'r Cynghreiriaid i ymosodiadau U-boats yn ystod 1940, tua 2,373,000 tunnell mewn pwysau.

Hwn oedd cyfnod euraid yr U-Bootwaffe. Daeth sawl comander yn enwog – yr *'aces'*, gan ennill nifer fawr o fedalau am eu llwyddiant. Nid oedd cyfyngiadau erbyn hyn ar weithredoedd yr U-boats. Yr oedd yr holl ddyfroedd o amgylch Prydain yn ardal frwydro, a phob llong fasnach dan fygythiad. Gallai'r Almaenwyr weithredu ac ymosod ar longau'r Cynghreiriaid mor bell ag arfordir Affrica, a Gogledd a De America. Yn yr Almaen, yr oedd y criwiau yn cael eu hystyried yn arwyr. Yr oedd cymaint o edmygedd tuag atynt fel mai dim ond y gwirfoddolwyr gorau un oedd yn cael eu dewis fel criw. Yn arferol, byddai'r criw yn ymweld â'u llong danfor tra byddai'n cael ei hadeiladu, i sicrhau eu bod yn ei hadnabod yn berffaith. Erbyn comisiynu'r llong byddai'r criw yn feistrolgar, yn adnabod ei gilydd, ac yn fwy na dim yn adnabod y comander.

Yr oedd bywyd ar y llong danfor bron yn annioddefol, yn enwedig ar rai ohonynt, fel y Teip VII. Yr oedd pob un o'r criw yn gorfod rhannu eu bync mewn rota. Nid oeddent yn cael ysmygu ynddi, ac anaml y gallent shafio. Yr oedd eu dillad yn llaith bron trwy'r amser. Yr oedd bwyd yn difetha yn sydyn. Dau doiled yn unig oedd ar y llong, i'w rhannu rhwng y criw i gyd. Wedi dychwelyd i'r lan, roedd y criw yn cael eu trin yn arbennig o dda, ac yn aml yn cael cyfnodau gartref yn yr Almaen. Roedd eu cyflog yn ddwbl cyflog morwyr eraill. Dyma'r bywyd y byddai Nikolai a'i griw yn ei brofi.

Esgyniad Asmus Nikolai Clausen

Pan dorrodd y rhyfel yn hydref 1939, yr oedd Werner Hartmann, cyn-gomander Nikolai, yn awyddus i elwa o'i wasanaeth yn ei flotilla o longau tanfor. Pan gyrhaeddodd yr *U-37* Wilhelmshaven ar arfordir gogledd yr Almaen ar 8 Tachwedd 1939 ar ôl ei phatrôl cyntaf, cyfarfu Werner Hartmann, ei chomander, gyda Nikolai ar y cei. Ar y pryd yr oedd Nikolai yn gomander ar yr *M-134*. Yn ystod cinio gyda'i gilydd y noson honno, addawodd Hartmann i Nikolai y byddai'n cynnig swydd newydd iddo. Erbyn dychwelyd i'r *U-37* y noson honno, yr oedd y criw wedi peintio mewn du y slogan, neu'r rhyfelgri, *Westward-ho!* ar ei thŵr. Hen slogan y Llychlynwyr oedd hwn, ac a ddefnyddiwyd gan y Tadau Pererin a'r sefydlwyr cyntaf yn America. Yr oedd y slogan yn un a ddefnyddiodd Nikolai hefyd ar un o'i longau tanfor nesaf, yr *U-129*.

Mewn byr o amser penodwyd Nikolai yn Brif Swyddog yr Wylfa, ac yn feistr ar yr *U-37*. Yn fuan iawn fe'i hanrhydeddwyd gyda'r Groes Haearn Ail Ddosbarth, a chyflwynwyd hon iddo gan neb llai na Karl Dönitz ar 28 Chwefror 1940. Erbyn hyn, yr oedd Dönitz yn Konteradmiral, un rheng yn is nag Is-lyngesydd.

Cyflwynwyd y Groes Haearn gyntaf yn 1813 yn Breslau i filwyr a fu'n ymladd yn y rhyfeloedd yn erbyn Napeoleon. Fe'i cyflwynwyd eto yn 1914 ar ddechrau'r Rhyfel Byd Cyntaf, gan Kaiser Wilheim II. Ar y diwrnod y câi ei derbyn, yr oedd y Groes Haearn Ail Ddosbarth yn cael ei gwisgo gyda rhuban yn ail dwll botwm siaced y wisg filwrol. Yna byddai'n cael ei gosod ar ei phen ei hun ar y wisg filwrol ffurfiol. Ruban yn unig gâi

Nikolai ar y chwith yn ysgwyd llaw Dönitz wrth dderbyn y Groes Haearn Ail Ddosbarth.
(Trwy ganiatâd Ine Wenckebach)

ei wisgo o ddydd i ddydd yn yr ail dwll botwm. Cyflwynwyd y fedal hon am y tro cyntaf yn ystod yr Ail Ryfel Byd i griw yr *U-29*, gan Hitler ei hun. Erbyn hyn yr oedd Hitler wedi sicrhau bod y swastica yng nghanol y fedal. Mae'n debyg i ryw bedair miliwn a hanner o'r medalau hyn gael eu gwobreuo yn ystod yr Ail Ryfel Byd. Yn swyddogol, yr oedd yn cael ei rhoi am un weithred o ddewrder yn wyneb y gelyn.

Ers dechrau'r Rhyfel Mawr, Nikolai oedd rhif 209 yn yr U-Bootwaffe i dderbyn y Groes Haearn Ail Ddosbarth.

Yn fuan wedyn, ar 18 Ebrill 1940, derbyniodd Fathodyn Rhyfel yr U-boat 1939. Yr oedd hon yn wobr, fel arfer, ar ôl cyflawni dau batrôl llwyddiannus, ac fe'i rhoddwyd i ddechrau yn 1939, er bod bathodyn cyffelyb yn cael ei wobrwyo yn ystod y Rhyfel Mawr. O ddechrau'r Ail Ryfel Byd, Nikolai oedd rhif 47 yn yr U-Bootwaffe i dderbyn y bathodyn. Yr oedd y bathodyn yn hirgrwn, gyda thorch o ddail llawryf wedi'i cherfio arno. Ar y rhan uchaf roedd eryr gyda'i adenydd ar led, uwchben swastica. Yn y canol roedd darluniad o U-boat, Teip VII. Yr oedd y bathodynnau cynnar yn hardd ac wedi'u gwneud o efydd – rhai wedi eu gwneud o sinc ddaeth yn ddiweddarach. Mae Bathodyn Rhyfel yr U-boat 1939 a roddwyd i Nikolai wedi'i brynu a'i werthu sawl gwaith. Yn ddiweddar roedd ym meddiant preifat Alan Clayton ym Mhrydain, ac i'w weld mewn llun wedi ei fframio ar ei wal. I gyd-fynd ag ef mae tystysgrif i gadarnhau y wobr i Nikolai. Mae ei enw ar y dystysgrif wedi'i gamsillafu yn Nicolai. Mae'n debyg iddo dderbyn y wobr ar fwrdd ei U-boat gan gomander ei flotilla. Byddai Nikolai wedi gwisgo'r bathodyn ar ei frest chwith.

Lai na deufis yn ddiweddarach, ar 10 Mehefin 1940, derbyniodd Nikolai y Groes Haearn Dosbarth Cyntaf. Medal oedd hon fel dilyniant i'r Groes Haearn Ail Ddosbarth. Byddai'r fedal yn cael ei gwisgo ar boced frest chwith y wisg filwrol, a heb ruban. O ddechrau'r Rhyfel Mawr, Nikolai oedd rhif 61 yn yr U-Bootwaffe i'w derbyn.

Mae'n anodd deall yn union pam y derbyniodd Nikolai y medalau a'r

Bathodyn Rhyfel yr U-boat 1939 Nikolai.
(Trwy ganiatâd Alan Clayton)

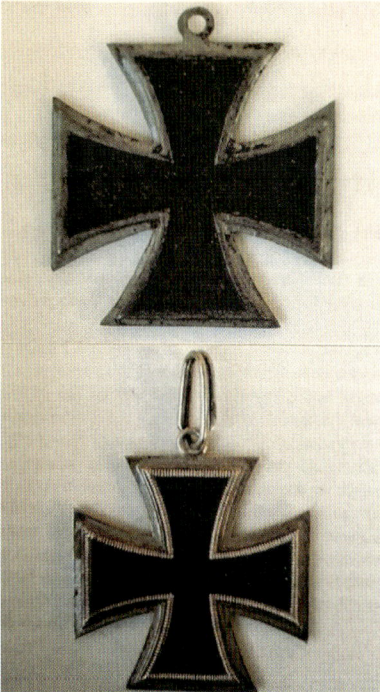

Medalau Croes Haearn Dosbarth Cyntaf ac Ail Ddosbarth Nikolai. Nid yw'n glir o'r llun pa un yw'r Gyntaf a'r Ail.
(Trwy ganiatâd Ine Wenckebach)

bathodyn ar yr amseroedd hyn, gan nad oes record i Nikolai fynd ar batrôl i ryfela cyn Ionawr 1940. Yr oedd y rhyfel yn datblygu ac yn ehangu'n gyflym iawn, ac o bosib roedd milwyr y Reich yn cael eu dyrchafu'n sydyn, gan ennill gwobrau yn sgîl hynny. Mae'n debyg mai dyna ddigwyddodd i Nikolai hefyd.

Gadawodd Nikolai yr *U-37* yn ystod yr haf 1940, ac yn Awst yr un flwyddyn ymunodd â'r *U-142*. Ond ar ôl dau fis yn unig, dychwelodd i'r *U-37*. Rhwng Tachwedd 1940 a Mawrth 1941, cwblhaodd yr *U-37* dri phatrôl, yn fwyaf arbennig yng ngogledd Môr Iwerydd. Erbyn Ionawr 1941 yr oedd Nikolai wedi'i ddyrchafu'n Kapitänleutnat (Is-gomander).

Ar y patrôl cyntaf, suddodd yr *U-37* chwe llong, pob un yn cario nwyddau. Collwyd 54 o fywydau arnynt. Dinistriwyd hefyd un llong danfor Ffrengig, yr *Sfax*, gan golli 65 o forwyr.

Ar 30 Ionawr 1941, hwyliodd Nikolai yr *U-37* ar ei hail batrôl i weithredu yn ne-orllewin arfordir Portiwgal. O ganfod confoi ar 8 Chwefror, ymosododd a dinistriodd ddwy long fasnach Brydeinig, yr S.S. *Estrellano* a'r S.S. *Courland* yn oriau mân y bore wedyn. Gan barhau i wylio'r confoi, gyrrodd Nikolai negeseuon radio i hysbysu'r Bomber Wing 40 o'i leoliad. O ganlyniad bomiwyd a dinistriwyd pum llong arall. Pan suddwyd yr S.S. *Courland*, lladdwyd tri o'r criw. Cafodd 31 arall eu hachub gan y llong Brydeinig S.S. *Brandenburg*. Dim ond diwrnod yn ddiweddarach fe suddwyd y *Brandenburg* hefyd gan yr *U-37*. Y tro hwn lladdwyd pawb oedd arni ar wahân i un a oedd ar y *Courland* cyn hynny. Fe'i achubwyd gan yr H.M.S. *Velox*, a'i gymryd i Gibraltar. O suddo'r tair llong nwyddau Brydeinig, collwyd 61 o fywydau.

Ar ei thrydydd patrôl aeth yr *U-37* i gyfeiriad Gwlad yr Iâ, gan gynnwys cyfnod i'r dwyrain o ynysoedd y Shetlands. Dwy long a suddwyd y tro hwn. Ar 7 Mawrth 1941 suddwyd y llong Roegaidd S.S. *Mentor*; goroesodd 22 a bu farw 6. Ychydig i'r de o Wlad yr Iâ, am 6 o'r gloch yr hwyr ar 12 Mawrth 1941, taniodd yr *U-37* tuag at y llong fechan *Pétursey* (91 tunnell). O fethu'r llong ar y dechrau, rhoddodd hyn gyfle i'r criw ei gadael, cyn iddi gael ei dinistrio. Wrth agosáu gwelodd criw'r *U-37* faner Gwlad yr Iâ ar ochr y *Pétursey*. Er atal y tanio, suddodd y llong. Er gweld bod y deg oedd ar y *Pétursey* wedi ei gadael, ni wnaeth yr *U-37* unrhyw ymdrech i'w hachub, ac ni welwyd yr un ohonynt wedyn. Llong bysgota oedd y *Pétursey*.

Yn dilyn tri phatrôl gan yr *U-37* dan gapteniaeth Nikolai, lladdwyd 198. Ar y tri achlysur, gadawodd yr *U-37* ganolfan U-boats yn Lorient yn Llydaw, a dychwelyd yno ar ddiwedd pob patrôl.

Yn dilyn cwymp Norwy, ac yna Ffrainc yn 1940, daeth nifer o ganolfannau U-boats i ddwylo'r Almaenwyr. Yr oedd rhai wedi bod yn eu meddiant yn ystod y Rhyfel Mawr, ac wedi aros heb fawr o ddifrod. Gyda rheolaeth ar borthladdoedd Norwy a'r Sianel, roedd gan y Llynges Almaenig agoriad hawdd i Fôr y Gogledd a Môr Iwerydd. Yn fuan iawn roedd canolfannau gweithredol wedi'u sefydlu yn Bergen a Trondheim yn Norwy, a hefyd Brest, Lorient, St.Nazaire, La Pallice a Bordeaux yn Ffrainc. Yn sylfaenol, bynceri concrit enfawr oedd y rhain. Adeiladwyd rhai cyffelyb yn Hegoland, Kiel a Hamburg yn yr Almaen. Roedd y buddsoddiad a'r ymdrech i adeiladu'r bynceri yn anferth. O weithio ddydd a nos, gan ddefnyddio miloedd o weithwyr, llawer ohonynt yn garcharorion rhyfel, adeiladwyd canolfannau o faint anhygoel, a hynny mewn ychydig o amser. Roedd toeau y bynceri yn dros saith metr o drwch, ac ar y dechrau roeddent bron yn gwbl ddiogel rhag bomiau. Y ganolfan yn Lorient oedd y fwyaf, yn ymledu dros 50 erw, a'r mwyaf llwyddiannus hefyd o'r holl fynceri. Yma yr ymgartrefodd flotilla o U-boats a adeiladwyd yn Wilhelmshaven yn yr Almaen.

Ym Mai 1941 gadawodd Nikolai yr *U-37*, a thair wythnos yn ddiweddarach comisiynodd yr *U-129* ym mhorthladd Kiel yn yr Almaen. Ar ei phatrôl cyntaf, gadawodd yr *U-129* borthladd Horten – canolfan U-boats ar arfordir deheuol Norwy oedd hon, ac yn arbenigo mewn hyfforddi a gwaith atgyweirio. Ar y ddau batrôl nesaf, gadael y ganolfan yn Lorient wnaeth yr *U-129*.

Bu'n rhaid terfynu'r patrôl cyntaf yn sydyn oherwydd bod aelod o'r criw wedi dal diffheria. Ar ei ail batrôl, cafodd Clasuen orchymyn i oruchwylio'r llong gyflenwi Almaenig *Kota Pinang* yn ystod rhan gyntaf y fordaith. Daeth hon dan ymosodiad gan y llong ryfel Brydeinig H.M.S. *Kenya* ar 3 Hydref. Penderfynodd capten y *Kota Pinang* ei suddo i osgoi iddi gael ei chipio gan y gelyn. Achubodd Nikolai y criw cyfan o 119, a'u cludo i long gyfagos o Sbaen, *El Ferrol* ar arfordir gogledd-orllewin Sbaen. Dychwelodd yr *U-129* i Lorient ar 8 Hydref.

Canlyniad digon tebyg oedd i drydydd patrôl yr *U-129*, a gychwynnodd ar 21 Hydref. Fe'i defnyddiwyd eto i oruchwylio llong gyflenwi Almaenig arall, y *Python*. Suddwyd y *Python* yn ne Môr Iwerydd gan yr H.M.S. *Dorsetshire*, cyn i'r *U-129* ei chyrraedd. Achubwyd 414 o bobl gan yr *U-129*, gyda chymorth llongau ac U-boat arall, yr *U-124*. Cymerwyd cyfanswm o

214 ar fwrdd y ddwy U-boat. Dychwelodd yr *U-129* i Lorient ar 28 Hydref, siwrnai o 5,000 o filltiroedd, gyda llong danfor orlawn.

Dros 109 o ddiwrnodau, aflwyddiannus fu tri phatrôl cyntaf yr *U-129* ym Môr Iwerydd. Hynny yw, ni ddinistriwyd yr un o longau'r gelyn. Serch hynny, roedd Nikolai yn gyfrifol am achub nifer o'i gydwladwyr. Mae sôn bod Dönitz yn anhapus gyda hyn, ac y byddai wedi bod yn llawer mwy bodlon petai Nikolai wedi dinistrio llongau'r gelyn.

Er ei bod yn rhyfel, yr oedd milwyr y Reich yn cael amser gartref o dro i'w gilydd, ac amser i hamddena. Roedd criwiau'r U-boats yn cael eu trin yn well na neb. Mae lluniau o Nikolai yn Hydref 1941, pan oedd ar ei wyliau gyda chriw yr *U-129* yn Pörtschach yn Alpau Awstria.

Cychwynnodd yr *U-129* ar ei phedwerydd patrôl, unwaith eto o Lorient. Yn nyfroedd y Caribî, rhwng 20 Chwefror a 7 Mawrth 1942, suddodd Nikolai saith llong, cyfawnswm pwysau o 25,613 tunnell ac fe laddwyd cant o bobl. Yn wir, dinistriwyd tair llong mewn un diwrnod ar 23 Chwefror. Yn ystod y patrôl, ar 13 Mawrth 1942, gwobrwywyd Nikolai gyda Chroes y Marchogion. Medal oedd hon a gyflwynwyd yn 1939 i gyd-fynd â medalau'r Groes Haearn. Ar y pryd yr oedd yr *U-129* yng nghanol Môr Iwerydd. Cafodd y groes ei gwneud ar ei bwrdd. Yr oedd hyn yn arferiad cyffredin yn ystod y rhyfel, ac yn dangos edmygedd y criw tuag at

Nikolai yn gwisgo Croes y Marchogion ar fwrdd yr U-129.
(Trwy ganiatâd Ine Wenckebach)

eu capten ac yn caniatáu i'r capten fwynhau'r anrhydedd cyn cyrraedd porthladd. Mae llun o Nikolai yn gwisgo'r fedal ar fwrdd yr *U-129*.

Yn ystod y Rhyfel anrhydeddwyd 7,318 o filwyr yr Almaen gyda'r fedal hon, 144 ohonynt yn wŷr yr U-boats. Byddai'n cael ei gwisgo gyda rhuban o gwmpas y gwddf. Yr oedd y fedal yn cael ei derbyn gyda pharch enfawr, ac i lawer ar yr U-boats, dyma'r anrhydedd fwyaf un. Nikolai oedd rhif 103 o'r Kriegsmarine i dderbyn Croes y Marchogion a rhif 46 o'r U-Bootwaffe, er mae peth amheuaeth a yw'r ffigyrau hyn yn hollol gywir.

****

Er mor llwyddiannus oedd y Teip VII, y llong danfor a adeiladwyd yn 1935 ar ddechrau'r Ail Ryfel Byd, yr oedd angen am long danfor fwy, a fyddai'n gallu gweithredu ymhell oddi cartref, cyn belled â de Môr Iwerydd a Chefnfor yr India. O ganlyniad ymddangosodd Teip IX am y tro cyntaf yn 1941.

Yr oedd y Teip IX yn llawer mwy ac yn llai cyfyng i'r criw. Yr oedd yn llyfnach na'i rhagflaenydd, gyda mwy o le ar ddeciau blaen a chefn y llong. Fodd bynnag, oherwydd ei maint byddai'n plymio'n arafach na'r Teip VII. Ym mhen blaen y Teip IX yr oedd adran y torpidos, gyda'i phedwar tiwb torpido, a lle i stocio torpidos. Ar bob ochr roedd bynciau a byrddau y gellid eu plygu, ar gyfer 24 o'r criw. Yn y rhan nesaf yr oedd digon o le i letya y mwyafrif o'r rhengoedd is, a lle i chwech o'r rhengoedd uwch. O dan y dec yr oedd batris y llong yn cael eu storio. Tu ôl i'r rhan yma roedd lle i gypyrddau arbennig i gadw bwyd wedi'i rewi a gali fechan. Ar y chwith, yr oedd adran y comander – lle syml oedd hwn gydag un bync, a llen i roi rhyw ychydig o breifatrwydd. Yr oedd bwrdd ymolchi bychan a bwrdd y gellid ei blygu hefyd. Yn bwrpasol yr oedd yr ystafelloedd radio yn union dros y ffordd ag adran y comander. Canolbwynt y llong oedd yr ystafell reoli, y Zentral. Yma yr oedd llyw'r llong, bwrdd y morlywiwr, offer rheoli'r balast a'r tiwbiau perisgop. Yr oedd ysgol yma i'r tŵr llywio, oedd yn cynnwys safle ymosod y comander, ac yn arwain i'r brif allanfa a'r hatsh i bont y llong. Yn ôl o'r Zentral yr oedd ystafell fawr i'r peiriannau. Yn gyntaf yr oedd dau eneradur mawr i ail-drydanu batris y llong a dau beiriant disel anferth. Y tu cefn i hyn yr oedd peiriannau trydan i yrru'r llong o dan y dŵr. Yno hefyd yr oedd cywasgwr i ailgynhyrchu ei chyflenwad aer. Yn y cefn yr oedd ystafell dorpidos arall a dau diwb torpidos, ac yr oedd bynciau yma hefyd ar gyfer 16 o'r criw. Mewn argyfwng, yr oedd man ychwanegol yma i lywio'r llong.

Yn ystod 1941 suddwyd 445 o longau'r gelyn oedd yn pwyso 2,171,890 tunnell gan yr U-boats. Er y llwyddiant, yr oedd defnydd y Cynghreiriaid o radar yn gwella. Ymunodd America yn y rhyfel yn Rhagfyr 1941, gyda'u hystorfa eang o arfau newydd. Canlyniad hyn oedd i'r Almaen yrru U-boats i arfordir America, gyda chryn lwyddiant ar y dechrau. Nid oedd yr Americanwyr yn barod amdanynt, hynny nes iddynt ddechrau defnyddio tacteg y confois a gwella systemau diogelwch ar y glannau. Ym mis Mai 1941 gwelwyd y confoi cyntaf i warchod llongau masnach yr holl ffordd ar draws Môr Iwerydd.

Ar y cyfan, 1942 oedd y cyfnod mwyaf llwyddiannus i lynges yr U-boats. Suddwyd dros 1,000 o longau'r gelyn, bron i chwe miliwn tunnell. Mewn un ymosodiad ym mis Mehefin 1942 suddwyd 24 llong mewn un confoi yn unig – hwn oedd yr ymosodiad mwyaf costus drwy'r holl ryfel.

Profodd y llong danfor Teip IX yn llwyddiannus iawn ar y cyfan yn ystod yr Ail Ryfel Byd, ond gan ei bod mor fawr yr oedd yn darged haws i'r gelyn, hynny'n ogystal â'r ffaith ei bod yn araf yn plymio. O'r 194 a adeiladwyd, 24 yn unig a oroesodd y rhyfel.

****

Gadawodd Nikolai yr *U-129* ym mis Mai 1942, gan gomisiynu'r *U-182* ychydig wythnosau wedyn. Datblygiad pellach o'r Teip IX oedd yr *U-182*, y llong danfor y daeth Nikolai yn gomander arni yn 1942. Teip IXD2 oedd hon ac yr oedd yn fwy eto, gyda lle ychwanegol i ddau beiriant disel arall. Yr oedd yn 87.6 metr o hyd, 7.5 metr o led, ac yn pwyso 1,616 tunnell ar wyneb y dŵr. Ar ei chyflymdra uchaf gallai symud 19.2 milltir fôr yr awr ar yr wyneb a 6.9 milltir fôr yr awr o dan yr wyneb. Gallai deithio 23,700 milltir fôr ar yr wyneb, a 57 milltir fôr o dan yr wyneb. Safai dau wn fflac 2 cm ar blatfform uchaf y tŵr llywio, a gwn tebyg ar blatfform cefn corff y llong. Tynnwyd gwn 10.5 cm oedd ar flaen y Teip IX gwreiddiol, ar gyfer y Teip IXD2, gan ei fod yn achosi cynnydd yn yr effaith lusgo ar y llong. Roedd ynddi chwe thiwb torpido, a gallai gario 24 torpido. Gallai gario criw o 57.

Datblygiadau ar dorpidos y Rhyfel Mawr oedd rhai'r Ail Ryfel Byd. Roeddent i gyd o'r un hyd, sef 7.16 metr, ac yn cario tua 280 cilo o ffrwydron ar eu pennau. Yr oedd problem fawr gan yr Almaenwyr yn arwain at y rhyfel, a hyd yn oed yn ystod y rhyfel, gan i nifer helaeth o'r torpidos fethu tanio. Unwaith eto datblygwyd sawl math o dorpido, gyda mwy o lwyddiant a chanlyniadau arswydus mewn rhyfel. Roeddent yn cael eu gyrru gan bropelor, rhai mor gyflym â 44 milltir fôr yr awr, ac yn gallu cyrraedd hyd at 7.5 cilometr o bellter.

Adeiladwyd yr *U-182* gan AG Weser yn Bremen, cyn cael ei lansio ar 3 Mawrth 1942. Yr oedd llongau tanfor yn cael eu hadeiladu mewn sawl iard trwy'r Almaen a rhai yng Ngwlad Pwyl, gan gynnwys Kiel, Danzig, Emden, Flensburg, Wilhelmshaven, Stettin a Rostock. Ond yn Deschimag yn Bremen yr adeiladwyd cyfres y Teip IX.

Dim ond ychydig iawn o luniau o'r *U-182* sy'n bodoli. Maent yn ei dangos yn harbwr Deschimag yn Bremen ar ddiwrnod ei chomisiynu ar 30 Mehefin 1942.

Roedd comisiynu pob llong danfor yn ddigwyddiad pwysig i'r ddinas, a bu i bobl nodedig Bremen roi croeso arbennig i griw'r *U-182*.

Yn gwmni i Nikolai roedd Hella Maluvius. Fe'i ganwyd yn 1920, y ferch hynaf o ddwy i Bertha a Hermann Maluvius. Ganwyd Hermann Maluvius ar 13 Gorffennaf 1888. Ar un amser yr oedd yn ddirprwy gomisiynydd sir yn Neuhaus, tref yng nghanol yr Almaen. Yn ddiweddarach, ar gyngor ei frawd Ernst, aeth yn gyfanwerthwr tybaco yn Bremen. Datblygodd yn fusnes llewyrchus, a alluogodd Maluvius i brynu tŷ mawr yn Bremen, gyda'i loches ei hun rhag ymosodiadau bomio o'r awyr. Ymysg eraill yr oedd Maluvius yn cyflenwi'r Wehrmacht, ac yn arbennig felly y Kriegsmarine, gyda thybaco. Yr oedd ei gyfoeth yn caniatáu i Maluvius gynnal partïon rheolaidd yn ei gartref, gyda gwahoddiad i fwy a mwy o swyddogion yr U-boats, llawer ohonynt yn gyfarwydd gydag iard longau AG Weser yn Bremen. Yn ogystal, yr oedd uwch-swyddogion yr U-boats yn gyfeillgar gyda Maluvius, ac yn cael eu gwahodd i'w bartïon, gan gynnwys y Llyngesydd Hans-Georg von Friedeburg a hyd yn oed Karl Dönitz. Byddai Maluvius yn cadw cofnod o'i bartïon, gan nodi bwyd, alcohol a thybaco na fyddai'r werin bobl ond yn gallu breuddwydio amdanynt yn ystod cyfnod y rhyfel.

Ymysg y rhai a wahoddwyd i dŷ Maluvius oedd Nikolai. Yr oedd yn Bremen ers mis Mai 1942 yn ymgyfarwyddo gyda'r *U-182*. Gwelodd Maluvius y byddai Nikolai yn ŵr da i'w ferch Hella. Dair wythnos yn ddiweddarach yr oedd Nikolai wedi gofyn i Hella ei briodi. Felly ar achlysur comisiynu'r *U-182*, yr oedd Hella a'i theulu yno hefyd.

Yng Ngorffennaf 1942 priododd Nikolai ac Hella. Gwahoddwyd holl griw yr *U-182* i'r briodas, ac yr oeddent yno i gyd ar wahân i ddau. Mewn casgliad personol, mae llun o wledd briodas eithaf moethus, gyda chriw'r *U-182* mewn dillad milwrol ffurfiol, a'r pâr priod ar y bwrdd uchel. Mae llun o'r ddau hefyd gyda Nikolai yn gwisgo ei holl fedalau.

Ar ôl cyfnod o hyfforddi rhwng Mehefin a Thachwedd 1942, ar 9 Rhagfyr 1942, gadawodd yr *U-182* ganolfan Horten yn Norwy ar ei phatrôl

Nikolai gyda'i swyddogion a rhai o griw yr *U-182*.
(Trwy ganiatâd Ine Wenckebach)

Nikolai ar dŵr llywio'r *U-182* yn ystod ei chomisiynu yn Bremen.
(Trwy ganiatâd Ine Wenckebach)

Yr *U-182* a'r criw yn Bremen.
(Trwy ganiatâd Ine Wenckebach)

Nikolai gyda swyddogion ei griw ar yr *U-182*. O'r chwith i'r dde: Erwin Fenzel, Kurt Röhricht, Wilhelm Brunner, Asmus Nikolai Clausen, Kurt Behrendts, Franz Dietl, Ernst Hillebrand.
(Trwy ganiatâd Dan Hancock)

Nikolai (yn y canol yn y rhes flaen) gyda Hella, ei ddarpar wraig wrth ei ochr.
(Trwy ganiatâd Dan Hancock)

Dathlu comisiynu'r *U-182*. Mae Nikolai ar y bwrdd canol a Hella ar y dde.
(Trwy ganiatâd Dan Hancock)

cyntaf i ryfel, gan ymuno â'r 12ed flotilla. Anelodd am dde Môr Iwerydd a Chefnfor yr India.

Yr oedd y sefyllfa'n wahanol yng Nghefnfor India o'i chymharu â Môr Iwerydd. Yr oedd yn rhesymol i U-boats weithredu ar ben eu hunain. Gyda phrinder cyfleusterau i ail-lenwi â thanwydd, cyflenwadau a gwasanaethau atgyweirio mewn mannau mor bell, roedd rhaid sicrhau y gallai'r U-boats ddychwelyd i'w canolfannau ar arfordir Ffrainc. O ystyried bod y sefyllfa beryglus yng ngogledd Môr Iwerydd yn gwaethygu, penderfynodd Dönitz ganolbwyntio mwy ar dargedau yn y dwyrain. Bryd hynny yr oedd llongau'r Cynghreiriaid yn hwylio yn annibynnol a heb osgordd yng Nghefnor India, tra roedd yr U-boats yn mwynhau cyfnod o ryddid i ryw raddau.

Yn y cyfamser wrth gwrs, yr oedd y sefyllfa yn Ne a Dwyrain Asia wedi dwysáu. Yn dilyn bomio Pearl Harbour gan y Japaneaid yn 1941, ymunodd yr Unol Daleithiau â'r Ail Ryfel Byd. Roedd perygl pellach i longau'r Cynghreiriaid gan Lynges Japan.

Am dri o'r gloch y bore ar 15 Ionawr 1943 suddwyd yr S.S. *Ocean Courage* gan dorpido o'r *U-182*, rhyw 200 milltir i'r de o Ynysoedd Cape Verde. Llai na dau funud yn unig a gymerodd iddi suddo, gan roddi dim amser i'r criw lansio bad achub. Collodd 52 o'r criw eu bywydau, gan gynnwys y capten. Goroesodd chwech trwy achub eu hunain ar rafftiau. Llong fasnach Brydeinig oedd yr *Ocean Courage*, yn cario mwyn haearn ac wyth sach post o Freetown i Trinidad. Yr oedd yn hwylio heb osgordd. Yn dilyn ei lwyddiant anelodd Nikolai yr *U-182* i'r de-ddwyrain a thuag at y Cape of Good Hope.

Negeseuon James Parry

Gyda'r rhyfel newydd ddechrau, ar y Nadolig 1939, gyrrodd Llywydd Eglwys y Methodistiaid Calfinaidd, y Parch H. Harris Hughes, gerdyn yn danfon cyfarchion cynnes i James Parry, fel ag i bob aelod arall o'r enwad oedd yn gwasanaethu'r wlad. Yr oedd James yn aelod o gapel Deunant, Aberdaron.

Nid oes cofnod pendant o ble roedd James yn mordeithio yn y cyfnod hwn, ond gyrrodd delegram adref o Hull, ar 15 Mehefin 1940, i ddweud ei fod yn cael ei drosglwyddo i'r S.S. *Llanashe*, ac y byddai'n gadael y dydd Mawrth canlynol.

Llong wedi'i hadeiladu i Evan Thomas Radcliffe & Co. gan Bartram & Sons, Sunderland, yn 1936 oedd y *Llanashe*. Yr oedd yn 418 troedfedd o hyd, ac yn pwyso 4,836 tunnell.

Gyrrodd James lythyr at Mary a Margery oddi ar fwrdd y *Llanashe* ar 2 Hydref 1940. Roedd y llong wedi angori yn y doc yng Nghasnewydd, ac yn cael ei dadlwytho o goed a dur. Nid oedd James yn sicr i ble y byddai'r fordaith nesaf, ond yr oedd yn tybio mai i Montreal. Wrth ysgrifennu'r llythyr, mae'n disgrifio sefyllfa beryglus:

> Wel mai hi yn air-raid yma rwan eto. Y sirens ar hooters yn mynd. Digon a codi ofn ar rhywun just, ond ydi y gynna ddim wedi dechreu hyd yn hyn ond ella na ddaw hi ddim yma. Tua Bristol mae hi amla. Mi fuo yma gryn dipin o saethu neithiwr hefyd i hel nhw i ffwrdd o ddyma.

Er y gofid a'r pryder ar y pryd, yr oedd James yn amlwg yn meddwl llawer am gartref. O ddarllen rhwng y llinellau, mae'n sicr ei fod wedi bod gartref am gyfnod yn ystod y flwyddyn flaenorol. Y mae'n amlwg hefyd bod y tŷ newydd bron â'i gwblhau. Yr oedd yn awyddus i gael gorffen cyn y tywydd gwlyb. O'r diwedd roedd y cynlluniau yr oedd wedi eu braslunio

Charges to pay

_____s._____d.

RECEIVED

3.1ᴸ m

From Prv.

No.

OFFICE STAMP

15 JU 48 CAERNARVON SHIRE

POST OFFICE TELEGRAM

Prefix. Time handed In. Office of Origin and Service Instructions. Words.

1·57 Hull prevent dupl. 10

To m

Parry Tywyn Aberdaron Transferred to Llanashe leaving Tuesday Love Jas.

For free repetition of doubtful words telephone "TELEGRAMS ENQUIRY" or call, with this form at office of delivery. Other enquiries should be accompanied by this form and, if possible, the envelope.

B or C

Telegram James yn nodi ei drosglwyddiad i'r *Llanashe*.

Yr S.S. *Llanashe*.

ar ddarnau o bapur tra roedd oddi cartref yn agos i gael eu gwireddu. Galwyd y tŷ yn 'Tywyn'. Pethau cymharol ddibwys oedd yn mynd â bryd James, fel rhoi 'screws' yn y planciau yn y llofft rhag iddynt blygu, a rhoi bar arall ar y drws ffrynt. Roedd eisiau nobyn ar y drws ffrynt hefyd, a lle i flwch post! Roedd hi'n ollyngdod sôn am faterion bychain bywyd o ddydd i ddydd.

Fel y tybiodd James, i Montreal aeth y fordaith nesaf, a gyrrodd James lythyr oddi yno i Mary a Margery ar 29 Hydref 1940. Mae'r llythyr yn awgrymu bod y *Llanashe* wedi cyrraedd Montreal mewn confoi, a bod pump o'r llongau wedi'u colli. Mae'n debygol eu bod wedi cael eu suddo gan U-boats. Mae James yn nodi bod un 'yn nesa i mi', a bod y capten wedi colli ei fywyd. Yr oedd wedi cyfarfod ag ef cyn cychwyn y daith. Yr oedd yn hen ffrind, ac roeddent wedi bod gyda'i gilydd ar y *Maindy Dene* yn 1921.

Yr oedd y brwydro yng ngogledd Môr Iwerydd wedi dechrau, gyda llongau masnach yn cael eu hebrwng gan gonfois rhag ymosiadau yr U-boats, oedd bellach yn defnyddio tacteg cnud y bleiddiaid. Yr oedd cyfrinachedd enfawr ynglŷn â threfnu'r confois ar gyfer brwydr, ac yr oedd criwiau'r llongau a'u teuluoedd yn cael eu hatgoffa o hynny. Cedwid y nifer oedd yn cael eu hanafu a'u lladd yn gyfrinach, er mwyn sicrhau bod morwyr yn dal ati gyda'u hymdrechion ar y môr. Nid rhyfedd felly'r diffyg cydnabyddiaeth gan y cyhoedd o wasanaeth arwrol aelodau'r Llynges Fasnach ar ôl y rhyfel. Dyma pam hefyd wrth gwrs nad oedd capteiniaid fel James Parry yn gallu datgelu i'w teulu ble'r oeddent ar eu teithiau.

Yn ôl James, 'mai wedi bod yr wythnos waetha ers dechrau y rhyfel, ond mae yn debyg na wneith hyna ddim para yn hir.' Er y sefyllfa, mae'n dal i holi am ddatblygiadau gyda'r tŷ, ac yn gofyn, 'oes ganddoch chi evacuees byth tybed? Rwyf yn deall fod llawer yn dod o'r trefydd rwan.' Yn wir, fe ddaeth faciwîs, ond yr oedd yn 1944 cyn i ddau ohonynt gael

James a Mary y tu allan i'w cartref newydd, Tywyn, tua 1940.

eu biledu yn Nhywyn.

Yr oedd James ar ddeall mai i Iwerddon y byddai'n hwylio nesaf. Roedd hi'n rywfaint o gysur i James bod y *Llanashe* yn hwylio yng nghysgod y confois. Rhwng Awst 1940 a Hydref 1941 hwyliodd y *Llanashe* mewn pum confoi rhwng Canada a Phrydain. Roedd pedwar ohonynt rhwng Halifax yn Nova Scotia a Lerpwl. Gelwid y rhain yn gonfois HX, confois yn teithio naw milltir fôr yr awr i osgordd llongau gweddol araf o lai na 15 milltir fôr yr awr. Hwyliodd gyda chonfois HX 67 a HX 89 yn 1940, a chonfois HX 118 a HX 134 yn 1941. Y pumed confoi oedd SC 47 rhwng Sydney, dinas yn Nova Scotia a Lerpwl yn Hydref 1941. Cludo dur ar gyfer ymdrechion rhyfel y Cynghreiriaid oedd y *Llanashe*.

Daliai James i allu gyrru telegramau yn achlysurol. Fe yrrodd un Nadolig 1941 i ddymuno cyfarchion i'w deulu, ond ni chyrhaeddodd y neges tan 9 Ionawr 1942. Nid yw'n amlwg o ble y gyrrwyd y telegram. Ond mae cofnod fod y *Llanashe* yn ystod y cyfnod yma wedi gadael Lerpwl am Cape Town, De Affrica, gan hwylio yng nghonfoi OS 12 hyd at Freetown yn Sierra Leone. Dychwelodd ym Mawrth 1942 gyda chargo o fwyn haearn, gan ymuno â chonfoi SL 102 o Freetown i Lerpwl. Yng ngwanwyn 1942 daeth â chargo o siwgr i Brydain o Halifax, ac yna o Sydney yn Nova Scotia ble yr ymunodd â chonfoi SC 87 am Lerpwl. Yna, yn ystod yr haf 1942, hwyliodd y *Llanashe* i gyfeiriad y Caribî gyda chonfoi ON 112 i Cape Cod, NG 300 o Efrog Newydd i Guantanamo yn

Cuba, a GAT 2 i Aruba ac ymlaen i Trinidad. Mae'n debyg iddi hwylio heb osgordd ar ôl hynny.

Gyrrodd James delegram arall i Mary o Efrog Newydd i ddymuno penblwydd hapus iddi yn Awst 1942.

Bobbie Williams

Yn achlysurol yr oedd Margery yn derbyn llythyrau oddi wrth Bobbie, ei chefnder. Yr oedd Bobbie Williams yn dod o Aberdaron hefyd, a'i gartref yn Minafon, rhwng Aberdaron ac Uwchmynydd. Yr oedd yn fab i Anne, un o chwiorydd Mary Parry. Yr oedd yn y Llynges Frenhinol, ac yn gwasanaethu ar longau tanfor. Derbyniodd Margery lythyr gan Bobbie wedi'i ddyddio 6 Ebrill 1942, oddi ar yr H.M.S. *Proteus*. Oherwydd sensoriaeth, yr oedd y llythyr yn Saesneg. Mae'n ymddangos bod y *Proteus* yn Alexandria yn y cyfnod hwn, ar ôl cwblhau ei ddeuddegfed patrôl o'r rhyfel, un ar ddeg ohonynt ym Môr y Canoldir.

Y mae Bobbie yn holi a oedd y 'jolly four' yn dal i aros yn Nhywyn. Cyfeiriad yw hyn yn sicr at aelodau o'r Llu Awyr, yr *airmen*, fyddai'n gwarchod y glannau yn ystod y rhyfel, ac yn aros yn nhai trigolion lleol. Mae'n disgrifio ei brofiad o fod ar long danfor:

Plenty of exercise is one of the best things for you in this life, as when on patrol you do not get much exercise, and not much opportunity to enjoy the fresh air. But after all its disadvantages it's a great life. We get many thrills. A patrol is just one prolonged thrill. When we hear the torpedoes hitting the target we all nearly jump with joy, then all of a sudden you could hear a pin drop when the depth charges start coming down, coming very close at times. So really you live to attack and be attacked. When all is over and harbour has been reached, you are filled with pride after your success, and perhaps a narrow escape.

Y mae'n edrych ymlaen at ddod adref eto. Nid oedd wedi gweld Margery ers dros flwyddyn. Pan fyddai'n dod adref, gobeithiai y byddai ei dad, Willie, adref hefyd – yr oedd yntau ar y môr. Yn ysgafnach, mae'n gofyn a fyddai Margery yn hoffi iddo gael sanau sidan iddi, gan ofyn pa liw a pha faint!

Mae Bobbie'n cyfeirio yn ei lythyr at y ffaith fod James wedi bod adref yn ei gartref newydd ar ddechrau 1942, a dyma'r unig gofnod o hynny. O ystyried bod y peryglon ar y môr yn dwysáu, mae'n debygol iawn mai dyna pryd y gadawodd James lawer o'i eiddo personol, gan gynnwys, yn bwysicach na dim, ei fodrwy briodas, yn ddiogel gartref. Roedd morwyr yn berchen ar focs trugareddau (*ditty box*) fel arfer, i ddal eiddo personol bychan, fel crib gwallt, offer eillio, nodwydd ac edau, llythyrau ac yn y blaen. Bocs pren oedd hwn i ddechrau, a chês bychan yn ystod yr Ail Ryfel Byd. Roedd y bocs neu gês trugareddau yn eithriadol o bwysig i'r morwr ar ei deithiau – gellid ei gloi'n ddiogel, a chadw ynddo gynnwys personol. Ymysg y pethau a adawodd James oedd cwmpawd bychan, celfyn i fesur trwch rhaff, ac oriawr boced aur a'i chadwyn. Gadawodd hefyd gronomedr gwerthfawr.

Gyrrodd Bobbie lythyr arall at Margery oddi ar yr H.M.S. *Proteus* ar 23 Mehefin 1942. Yr oedd yn ôl o batrôl arall ym Môr y Canoldir. Yr oedd wedi cael llythyr gan ei dad oddi ar arfordir De Affrica, ond erbyn hyn ni wyddai ym mhle ydoedd. Mae'n disgrifio'n fanwl a chyda theimlad ei fywyd ar long danfor,

It's a year since I was last home, and believe it or not a year does not soon pass by in submarines. When you come in off patrol and look back to the day you went out you can hardly recognise what happened that day as it seems like months back. The more you get used to patrols the longer they look, as every patrol is simply a repetition of the previous one. It's dive, surface, fire your torpedoes, wait to hear if they've found their mark, and then wait for few depth charges. That's just what a patrol is. Another difference to your

Rhai o gynhwysion y bocs trugareddau.

normal routine is that day and night are reverted in this life. By day you are dived, no cooking just snacks, and this is the time you get the majority of your sleeping hours in. At night when you surface the dinner is cooked, you enjoy the fresh air, and then the breakfast is cooked just before you dive for another day, the longer the day the longer the dive, such as this part of the year. After about eight hours under water you begin to feel how heavy the air is, and sometimes you feel it a burden to breathe, due to this pressure. This pressure you also feel in your stomach. When at surfacing the hatch is opened and fresh air comes in contact with the bad air, the bad air rises, like a thin sheet of morning dew, and believe me you feel it all over your body, and in your ears it's terrific. At this stage it's no use striking a match, as it will only simply go out due to the lack of oxygen. Myself I do not like the long anticipated smoke until about an hour after surfacing, when by this time you are enjoying and breathing freely the fresh air. So it's no wonder that you do not feel like sleeping at night. Really this is the worst part of the year in subs, as it gets terribly hot underwater by day. You sweat, and can be dripping all over the boat. A pair of shorts is quite sufficient to wear. If a bit of clothing was left untouched during the patrol you would see it quite mouldy when you came in. Such is this corn curing life. What I mean is that I do not get corn troubles now, as I only wear shoes on an average of about three days out of every month. The foot gear is slippers. And I still say that all being well, I wish to remain in subs for the duration of this war. £2/10/= a week or not.

Llong danfor wedi ei hadeiladu yn 1928 i'r Llynges Frenhinol yn Barrow-in-Furness oedd yr H.M.S. *Proteus*. Pan ysgrifennwyd y llythyrau, nid oedd modd gwybod ym mhle yr oedd y *Proteus*. Ond erbyn heddiw mae gwybodaeth fanwl i'w chael am ei lleoliad yn ystod y cyfnod hwn. Ar 18 Ebrill 1942 gadawodd Alexandria yn yr Aifft ar ei thrydydd patrôl ar ddeg yn y rhyfel, a'r deuddegfed ym Môr y Canoldir. Yn ystod y fordaith bu iddi ddinistrio llong fasnach Almaenig, yr *Otto Leonhart* ac ymosodwyd arni gan awyrennau. Cychwynnodd ar ei phedwerydd patrôl ar ddeg o Alexandria. Y tro hwn suddodd ddwy long fasnach Eidalaidd, y *Bravo* a'r *Gino Allegri*. Lladdwyd nifer o aelodau o griwiau'r ddwy long. Dychwelodd i Alexandria ar 22 Mehefin 1942. Bu i'r *Proteus* gymryd rhan mewn ambell batrôl ar ôl hynny, gan suddo mwy o longau ym Môr y Canoldir, ond ar ôl 1942 fe'i defnyddiwyd mewn ymarferion o gwmpas Prydain. Fe'i dadgomisiynwyd yn 1944.

Nid yw'n syndod deall bod bywyd ar long danfor yn eithriadol o anodd a diflas, fel y disgrifiodd Bobbie. Yn sicr, tebyg iawn fyddai profiadau Nikolai ar ei long danfor yntau.

Hynt a helynt James Parry

Tra roedd James yn mordeithio ym Môr y Caribî yn ystod haf 1942, mae'n rhyfedd meddwl fod Nikolai wedi bod ym Môr y Caribî ar yr *U-129* yn ystod gwanwyn 1942, ac iddo suddo saith llong, a lladd cant. Gyrrodd James lythyr at Mary a Margery ym mis Mai 1942 o Trinidad. Llythyr byr oedd hwn, heb ddim cyfeiriad at y rhyfel. Bryd hynny byddai'n gyrru'n rheolaidd restr o gyflogau yr oedd wedi'u dosbarthu i griw y *Llanashe*. Y tro hwn cyfeiriodd at ddwy restr a anfonodd o San Pedro de Macoris yng Ngweriniaeth Dominica. Yr oedd rhyw ddeugain yn cael eu cyflogi ar y llong, ac yn cael eu talu mewn doleri. Byddai James yn gyrru'r rhestri hyn gartref er mwyn gofalu bod y manylion yn cyrraedd lle diogel oherwydd sefyllfa fregus y byd ar y pryd.

Erbyn mis Gorffennaf 1942, yr oedd James yn ôl ym Mhrydain, a gyrrodd lythyr ar y 7 Gorffennaf at Mary a Margery o Lerpwl. Diolchodd i'w deulu am yrru llythyr a lluniau ato'n ddiweddar. Yr oedd un llun o James, ond cwyno oedd ei fod 'yn gwneud gwyneb clws ynddo a fy suit i yn edrych fel sach yn hongian'! Mae'n ymddangos ei fod wedi cael parsel o grempogau a theisen hefyd ac mae'n eu canmol! Ar y pryd yr oedd y criw yn dadlwytho'r *Llanashe*, cyn llwytho eto a chychwyn ar fordaith arall. Nid oedd yn sicr i ble roedd yn teithio nesaf, ond mae'n tybio mai i Efrog Newydd. Ar ôl hynny mae'n tybied y byddai'n mynd i wlad yr Aifft, a hefyd i Cape Town, De Affrica.

Mewn porthladd yr oedd yn arferol i'r capten archebu cyflenwadau ar gyfer y fordaith nesaf. Yr oedd baco a sigarennau'n bwysig i'r criw! Tra roedd yn y porthladd yn Lerpwl, gwnaeth James archeb gyda E. Hughes and Sons, masnachwyr stôr llongau yng Nghaerdydd, am y canlynol:

- 22 lbs pluck tobacco
- 15 lbs Capstan tobacco – fine

- 30 lbs Justmans shag
- 10,000 Woodbine cigarettes
- 5,000 Players cigarettes
- 1 gross matches
- box toilet soap

Yr oedd yn arferol hefyd i dynnu yswiriant ar gyfer stôr y capten. Tra roedd yn Lerpwl tynnodd James yswiriant i warchod gwerth £36 am gyfnod o dri mis, oedd yn costio £2.10s.2d. Yn arwyddocaol, yr oedd yr yswiriant hefyd yn cynnwys y risg o ryfel.

Yr oedd y *Llanashe* yn dal yn Lerpwl pan yrrodd James lythyr arall adref ar 13 Gorffennaf 1942. Yr oedd yn gobeithio bod yn ôl gyda Mary a Margery 'cyn bo hir iawn'.

O Efrog Newydd y daeth y llythyr nesaf, dyddiedig 6 Awst 1942. Yr oedd y llythyr wedi cael ei agor a'i archwilio oherwydd sensoriaeth. Roedd wedi cael mordaith dda, 'heb ddim golwg o'r gelyn'. Holodd a oedd Margery wedi 'cael ei galw i fyny eto?' Gobeithiai y buasai'n cael aros gartref. Y mae'n dal i holi am y datblygiadau yn Nhywyn, ac a oedd ymylon y llwybrau yn eu lle. Gofynna a oedd yr *airmen* yn dal yno. Dywed y bydd yn dod â llawer o hen ddillad adref gydag ef y tro nesaf, ond y byddent yn hen ddigon da i weithio yn yr ardd!

Yr oedd yn Efrog Newydd o

Archeb am dobaco!

hyd pan yrrodd lythyr adref eto, dyddiedig 23 Awst 1942. Yr oedd eisoes wedi gyrru telegram yn dymuno pen-blwydd hapus i Mary. Llythyr byr oedd hwn. Fe hoffai James gael dod adref, ond nid oedd yn gwybod pa bryd fyddai hynny.

Yn y cyfamser, yr oedd Margery wedi 'cael ei galw i fyny'. Gwnaeth gais i ymuno â'r Women's Royal Naval Service ym mis Gorffennaf 1942. Cafodd archwiliad meddygol ar 10 Medi 1942 yn ysgoldy capel Siloh, Caernarfon. Yn fuan wedyn clywodd nad oedd wedi cael ei derbyn oherwydd rhyw reswm meddygol. Tybed faint o siom oedd hyn iddi? Mae'n debyg bod ei thad yn falch mai aros gartref fyddai Margery am weddill y rhyfel.

Tua'r un amser gyrrodd James delegram adref i ddweud fod popeth yn iawn a'i fod yn ddiogel. Nid oedd wedi nodi o ble y gyrrwyd y telegram.

Diwedd 1942, daeth nifer o lythyrau i Mary a Margery gan James o Durban, De Affrica. Mae'n amlwg nad oedd wedi bod adref ar ôl ei fordaith i Efrog Newydd. Nid oedd wedi cael trafferthion ar y fordaith hon. Mae'n sôn yn ei lythyr dyddiedig 4 Tachwedd 1942 bod y *Llanashe* yn cael ei llwytho gyda glo, cyn gadael y diwrnod canlynol. Yr oedd yn disgwyl bod yn ôl yn Durban erbyn y Nadolig a disgwyliai y byddai adref yng ngwanwyn 1943. Tra roedd yn Durban roedd wedi synnu nad oedd wedi gweld Willie, Minafon, ac yntau hefyd yn y ddinas yn ôl pob sôn. Willie oedd tad Bobbie. Yr oedd wedi dod ar draws nifer fawr o ddynion yr oedd yn eu hadnabod, ac a oedd hefyd wedi colli eu llongau ar ôl iddynt gael eu dinistrio. Erbyn hyn yr oedd wedi cael dwy sbectol, gan ei fod yn ei chael hi'n anodd iawn i weld yn agos!

Mewn llythyr wedi'i ddyddio 11 Tachwedd 1942, dywed fod problem gyda pheiriannau'r llong a'u bod yn cael eu hatgyweirio. Yr oedd yn gwybod bod cyfaill arall iddo yn byw yn Durban. Willie oedd ei enw yntau hefyd. Roedd yn wreiddiol o fferm Cwrt, Uwchmynydd, a rhyw saith mlynedd yn iau na James. Roedd James wedi bod yn chwilio amdano, a chyfarfu'r ddau yn y diwedd a chael amser da. Bu Willie Cwrt fyw yn Durban am gyfnod maith, nes iddo ddychwelyd i Gymru yn y diwedd. Doedd ei iechyd ddim yn dda erbyn hynny. Bu fyw gyda'i chwaer yn Sarn Meyllteyrn ym Mhen Llŷn nes iddo farw yn 1972. Fe'i claddwyd ym mynwent Eglwys Newydd yn Aberdaron, nepell o'i gartref genedigol. Cyfarfyddodd James â Meg Pendref hefyd (Roedd Pendref drws nesaf i Tywyn yn Aberdaron). Yr oedd hithau'n byw yn Durban, a James oedd y cyntaf iddi ei adnabod ers iddi adael cartref. Gobeithiai gyrraedd adref i Aberdaron at ei mam erbyn y Nadolig. Yn ei lythyr y mae James yn 'disgwyl y bydd y rhyfel yma drosodd cyn bo hir iawn rwan, yn ôl pob golwg trwy y byd yma.' Mae'n anhapus gyda'r cwmni Evan Thomas Radcliffe & Co:

Ydi ETR wedi talu fy nghyflog i erbyn hyn? Maent yn growlio digon rwan yn ddiweddar felly bod costau bwyd yn rhy uchel yma gen i. Mi fyddaf bron a deud wrthynt am gadw i petha ac i minna ddwad adra am sbell run fath ag amryw eraill, ac ar gyflog. Ond mae shwr na wna nhw mo hynny, ond dwi disgwl dod cyn bo hir ac aros am sbell hefyd.

Tybed beth fyddai hanes James pe bai wedi mynnu dod adref?

Yr oedd James yn Durban o hyd yn ôl ei lythyr ar 21 Tachwedd 1942, tra cynhelid gwaith atgyweirio ar beiriannau'r llong. Yr oedd wedi cael amser i fynd am dro i'r wlad gyda Willie Cwrt, ac wedi ymweld â Chymry eraill. Mae'n awgrymu bod cyfeillion iddo wedi colli dwy long i'r gelyn yn y cyffuniau, a bod y sefyllfa wedi bod yn ddrwg iawn yn y rhan honno o'r byd. Yr oedd yn swnio'n obeithiol, '...yn ôl pob golwg mae petha yn gwella yn pob man efo y rhyfel yma rwan, a mi wyf yn disgwl iddi fod trosodd yn fuan iawn i mi gael dod adre am sbell go lew a heddwch.'

Ar 27 Tachwedd 1942, mae'n gyrru adref restr o'r cyflogau yr oedd wedi'u rhoi i'r criw, fel bod hon wedyn yn cael ei gyrru ymlaen i Evan

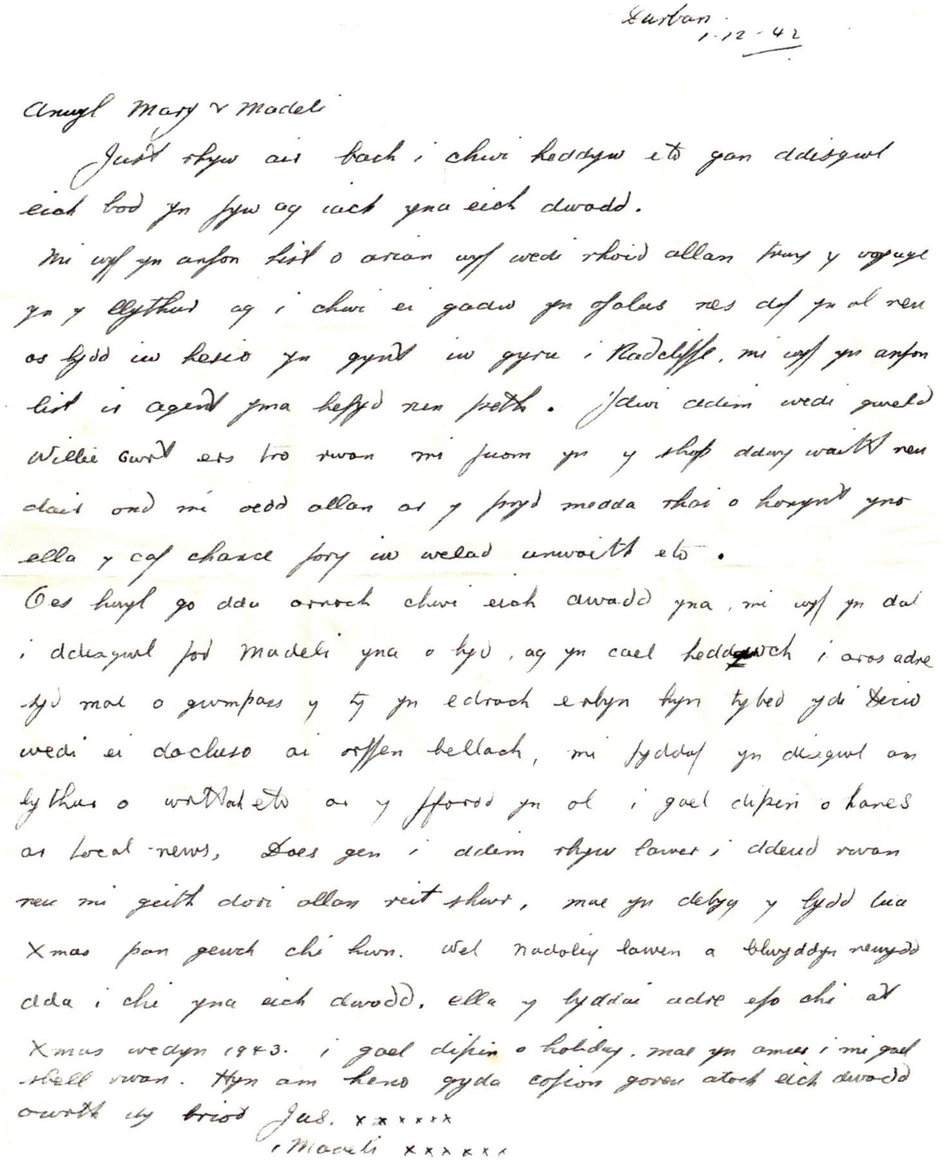

Durban 1-12-42

Anwyl Mary a Madeli

Just rhyw air bach i chwi heddyw eto gan ddisgwyl eich bod yn fyw ag iach yna eich dwadd.

Mi wyf yn anfon list o arian wyf wedi rhoid allan trwy y [illegible] yn y llythyr ag i chwi ei gadw yn ofalus nes dof yn ol neu os bydd iw heisio yn gynt iw gyru i Radcliffe, mi wyf yn anfon list i agent yna hefyd neu peth. Ydwi ddim wedi gweld Willie Gwynt ers tro rwan mi fuom yn y shop ddwy waith neu ddau ond mi oedd allan ar y pryd medda thai o hwynt yno ella y caf chance fory iw weled unwaith eto.

Oes hwyl go ddu arnoch chwi eich dwadd yna, mi wyf yn dal i ddisgwyl fod Madeli yna o hyd, ag yn cael heddwch i aros adre hyd nes o gwmpas y ty yn edrych arbyn hyn tybed ydi Decw wedi ei dacluso ai orffen bellach, mi fyddaf yn disgwyl am lythyr o wrthdaeto ar y ffordd yn ol i gael dipyn o hanes ar local news, Does gen i ddim rhyw lawer i ddeud rwan neu mi geith dori allan reit shart, mae yn debyg y bydd hwn Xmas pan geuch chi hwn. Wel Nadolig llawen a blwyddyn newydd dda i chi yna eich dwadd, ella y byddai adre efo chi at Xmas wedyn 1943. i gael dipyn o holiday. mae yn amser i mi gael spell rwan. Hyn am heno gyda cofion goreu atoch eich dwadd oddiwrth eich priod Jas. xxxxxx

Madeli xxxxxx

Llythyr gan James o Durban – 1 Rhagfyr 1942.

Thomas Radcliffe & Co.. Fel pob tro, yr oedd yn gadael copi gyda'r asiant yn Durban, fel ac y gwnaeth yn Efrog Newydd, 'rhag ofn y bydd ei heisiau rhyw dro, rwyf yn disgwl na fydd dim.'

Llythyrau byr oedd James yn eu gyrru yn y cyfnod hwn, oherwydd sensoriaeth efallai. Mae'n awgrymu hynny mewn un llythyr, 'Does gen i ddim rhyw lawer i ddweud rwan neu mi geith dori allan reit shwr.' Mae un llythyr felly o Durban heb ei ddyddio. Yn hwn mae'n ysgrifennu, 'Dwi credu mae dwad adre am sbell y gwna ina tro nesa pa bryd bynag y bydd hyny, ond ella bydd y rhyfel trosodd cyn y dof.'

Ar 1 Rhagfyr 1942, fe anfonodd restr o gyflogau unwaith yn rhagor, ac fe holodd sut oedd pethau'n edrych o gwmpas Tywyn. Mae'n gorffen ei lythyr gyda hyn, 'Mae yn debyg y bydd tua Xmas pan gewch chi hwn. Wel Nadolig llawen a blwyddyn newydd dda i chi yna eich dwadd. Ella y byddai adre efo chi at Xmas wedyn 1943 i gael dipin o holiday. Mae yn amser i mi gael sbell rwan.' Nid oes cofnod bod Mary a Margery wedi derbyn llythyr gan James ar ôl hwn.

Gartref yn Aberdaron

Sut oedd hi ar y teulu a chyfeillion yn ôl yn Aberdaron dros Nadolig 1942? Daeth gwahoddiad i Mary a Margery:

> The RAF and WAAF of Pen-y-Bryn invite you and one other to tea and a cinema show in the Tŷ Newydd Hotel at 5.30 pm on December 23rd

Gwersyll bychan i filwyr a chriw y Llu Awyr yn Uwchmynydd oedd Pen y Bryn, ac a elwid yn lleol yn Bryn Sim. Roedd y lleoliad yn agos at Penbryn Bach. Mae ôl rhyw fath o sgwâr yno hyd heddiw. Mae sôn i gapel fod yma ryw dro, ond does dim adfeilion i'w gweld. Roedd y gwersyll

Margery, Mary a'r WAAFs.

Margery a'r *airmen* oedd yn lletya yn Tywyn.

wedi'i amgylchynu gan ffens fawr a weiars pigog ac yn fuan wedi ei sefydlu, daeth trydan i Ben Llŷn. Ychydig ymhellach i gyfeiriad Mynydd Mawr roedd nifer o weithgareddau eraill. Adeiladwyd bynceri, rhai tan y ddaear. Deuai Gwylwyr y Glannau yma'n gyson, i gadw golwg ar y llongau'n hwylio heibio ym Môr Iwerddon ac i gadw golwg am longau'r gelyn a'u hawyrennau, ond doedd hi ddim yn anghyffredin gweld ambell i gonfoi Prydeinig hefyd.

Yng Ngwesty Tŷ Newydd yn Aberdaron yr oedd y WAAFs (Women's Auxiliary Air Force) yn aros yn ystod y rhyfel. Sefydlwyd y WAAFs yn 1939. Hyfforddiant sylfaenol a gaent, ac nid oeddent yn gwasanaethu fel criwiau awyr. Er hynny, roeddent yn agored i'r un peryglon â'r rhai hynny oedd yn gweithio mewn gwersylloedd fel Pen y Bryn. Chwaraent ran allweddol yn rheoli a dilyn awyrennau, ac yn enwog felly yn yr ystafelloedd ymgyrch yn ystod Brwydr Prydain.

Tybed a dderbyniodd Mary a Margery y gwahoddiad i Dŷ Newydd? Nid oedd llawer o reswm i lawenhau, ond yr oedd cymuned Aberdaron yn un glos, ac roedd ganddynt berthynas dda gyda dynion a merched y Llu Awyr. Roedd rhai o'r *airmen* yn aros yn Tywyn.

Mae'n amlwg bod Mary yn y cyfnod hwn yn bryderus am ei gŵr, ac mae'n ymddangos ei bod wedi cysylltu gyda Evan Thomas Radcliffe & Co. i gael rhywfaint o wybodaeth. Cafodd ateb ganddynt mewn llythyr dyddiedig 7 Ionawr 1943 i ddweud bod y *Llanashe* yn dadlwytho mewn porthladd, a bod popeth yn iawn ar fwrdd y llong. Ni ddatgelwyd ym mha borthladd yr oedd y *Llanashe* na phryd y byddai'n ôl ym Mhrydain. Roedd Mary a Margery yn eithriadol o falch o dderbyn telegram gan James ar 16 Ionawr 1943 yn dweud, 'all well and safe' er na nodwyd o ble y gyrrwyd y neges.

Derbyniodd Mary lythyr eto gan Evan Thomas Radcliffe & Co., ar 1 Chwefror 1943. Mae'n amlwg bod Mary'n gyrru llythyrau atynt yn Gymraeg, a bod y rhain yn cael eu sensro. Gan nad oedd neb yn deall

EVAN THOMAS RADCLIFFE & Cº.

STEAMSHIP OWNERS & BROKERS.

G.   HENRY CHARLES BOLTER.
       L.H. ALLEN PRATT. LL.B.

Baltic House,
Mount Stuart Square,
Cardiff 1st.February 1943.

Mrs.M.Parry,
   "Tywyn",
      Aberdaron,
         PWLLHELI.

Dear Mrs.Parry,

    Your letters have been duly forwarded by airmail to your husband.

    You probably know that before despatching correspondence we have to submit it for censorship.   Recently we have experienced delay in getting your letters dealt with and the result of our enquiries is that we have been informed there is no-one in the local Censor's office who understands Welsh and, as your letters are apparently written in that language, they have to be sent out of Cardiff for censoring, which explains the lapse of two or three days before they are returned to us.

    We had news of s.s."L" a few days ago and look for her next arrival in between two and three weeks' time.   We doubt whether she can be caught by further letters at her next port and we have no idea so far of further movements.

               Yours faithfully,

Llythyr Evan Thomas Radcliffe & Co. i Mary. Doedd neb yn y swyddfa sensro leol yn deall Cymraeg!

Cymraeg yn y swyddfa sensro leol yng Nghaerdydd, rhaid oedd gyrru'r llythyrau i rywle arall. Oherwydd hyn roedd oedi wrth ateb ei llythyrau. Serch hynny, yr oedd y cwmni newydd glywed y byddai'r *Llanashe* yn cyrraedd porthladd rhyw ddwy neu dair wythnos yn ddiweddarach.

Basra

Nid oedd gan Mary a Margery lawer o syniad ym mhle yr oedd James yn ystod Ionawr a Chwefror 1943. Ond y mae cofnodion yn awgrymu bod y *Llanashe* wedi hwylio o Durban yn ystod Rhagfyr 1942, a'i bod ym mhorthladd Abadan yn ne-orllewin Iran rhwng y cyntaf a'r pumed o Ionawr 1943. Oddi yno hwyliodd i Basra yn ne Irac. Er y Rhyfel Byd Cyntaf yr oedd Basra tan feddiannaeth Prydain, ac yn un o borthladdoedd pwysicaf Ceufor Persia, gyda chysylltiadau masnach â'r Dwyrain Pell. Yn ystod yr Ail Ryfel Byd gyrrwyd offer a chyflenwadau i Rwsia trwy Basra. Yr oedd y *Llanashe* yno o'r seithfed tan yr ail ar bymtheg o Ionawr. Mae'n debygol iawn mai o Basra y gyrrodd James y telegram i Mary a Margery, yn dweud ei fod yn ddiogel. Cafodd y *Llanashe* ei llwytho'n drwm gyda 3,500 tunnell o dunplatiau ac alwminiwm. Ar ei bwrdd roedd criw o 41. Y mae ambell gyfeiriad bod 42 yn y criw, ond mae'n debygol bod un prentis, J. G. P. Tew, wedi'u gadael ar 17 Ionawr 1943, y diwrnod y gadawodd y *Llanashe* Basra. Mae manylion am y criw fel a ganlyn (yn cynnwys rhai bylchau):

Enw	Gwlad	Swydd	Oed
Adams, W.J.		Fireman	
Barnes, John	Prydain (Penbedw)	Able Seaman	66
Bassie, James	Prydain (Nigeria)	Fireman and Trimmer	41
Brady, Lawrence	Prydain (Lerpwl)	Mess Room Boy	16
Bratton, Charles	Prydain (Hull)	Boatswain	29
Bressey, Robert	Prydain (Ingatestone)	Second Officer	29
Brown, C		Fireman and Trimmer	
Chambers, Francis	Prydain (Lerpwl)	Cabin Boy	18
Cheesewright, W		Third Engine Officer	
Clunnis-Ross, K		Deckhand	
Conner, P	Prydain	Fireman and Trimmer	

Crowther, H		Able Seaman	
Davies, William Lewis	Prydain (Wlig)	Apprentice	20
Fowler, Gwynfor Harries	Prydain	Third Officer	
Harries, David John	Prydain (Ceinewydd)	Chief Engine Officer	42
Heap, Reginald	Iwerddon (Dulyn)	Third Radio Officer	18
Hodder, Alfred	Prydain	Deckhand and Gunner	
Hubley, Cecil	Canada (Nova Scotia)	Able Seaman	47
Hughes, Hector Morgan	Prydain (Aberystwyth)	Able Seaman	39
Huntington, Harry	Prydain (Sheffield)	Gunner, Royal Navy (DEMS)	26
John, Tom	Prydain (Lagos, Nigeria)	Fireman and Trimmer	48
Jones, David Owen	Prydain (Aberteifi)	Second Engineer Officer	46
Kelly, Bernard	Prydain	Apprentice	
Kruhmin, August	Prydain (Rwsia)	Carpenter	53
Lambert, John	Prydain (Demarara, Gaiana)	Cook	49
Lloyd, Samuel Philip	Prydain	Chief Officer	37
Norcross, Albert	Prydain (Haydock)	Gunner, Royal Navy (DEMS)	35
Parry, James	Prydain (Aberdaron)	Master	49
Ponsford, Arthur	Prydain (Bryste)	Assistant Steward	19
Richards, Ioan Wyn	Prydain (Dolgellau)	Able Seaman	22
Rogers, James Robert	Canada (Nova Scotia)	Fourth Engineer Officer	33
Simmonds, P.M.		Fireman and Trimmer	
Snow, K.		Deckhand	
Suetaka, Saito	Prydain (Japan)	Chief Steward	50
Tomkinson, Roger Noel	Prydain (Rhydychen)	Second Radio Officer	22
West, Peter	Prydain (Sierra Leone)	Fireman and Trimmer	46
Westley, John	Prydain (Sierra Leone)	Fireman and Trimmer	43
Whitaker, George	Prydain (Castleford)	First Radio Officer	25
Williams, John	Prydain (Sierra Leone)	Donkeyman	60
Woodrow, Leslie	Prydain (Llundain)	Gunner, British Army (DEMS)	22
Wright, B		Able Seaman	

Dim ond 16 oed oedd yr ieuengaf o griw'r *Llanashe*, sef Brady, y *Mess Room Boy*. Prydeinwyr oedd y rhan fwyaf, er mae'n ymddangos fod amryw wedi'u geni mewn gwledydd tramor, fel Nigeria, Rwsia, Japan a Sierra Leone. Yr oedd o leiaf saith yn Gymry.

Cyfeiriad at y morwyr oedd yn gweithio oddi tan y dec yw'r *fireman* a'r *trimmer*. Roeddent yn cael eu galw'n *Black Gang*. Y rhain oedd yn gweithio yn yr howldiau tanio a'r bynceri glo. Roedd eu gwaith yn anodd a pheryglus, yn gweithio mewn tymheredd hyd at 100°F, ac yn gwisgo dim ond dyngarîs a singlet. Gwaith y tanwyr oedd llwytho'r howldiau a chadw golwg ar y tân, swydd oedd yn anoddach nag y gall unrhyw un ei ddychmygu. Fel arfer roedd tri thân i bob howld, a rhaid oedd gofalu am bob un, fel bod y glo'n llosgi'n boeth, yn lân ac yn effeithiol trwy gydol y fordaith. Roedd y trimwyr yn hanfodol i gario cyflenwad cyson o lo, eu gwaith hwy oedd y trymaf a'r butraf ar y llong. Hwy oedd ar waelod y rheng o beirianwyr, ac yn cael y tâl isaf. Mae'n ymddangos bod rhai o griw'r *Llanashe* yn gwneud swydd y taniwr yn ogystal â'r trimiwr. Roedd y *donkeyman* yn gyfrifol am yr ystafell injan, tra roedd y *boatswain* yn goruchwylio gweithgareddau ar y dec.

Er Mehefin 1939, yr oedd trefniant i arfogi llongau'r Llynges Fasnach. Yr oedd y *Llanashe* wedi'i harfogi, ac felly yn cael ei galw'n DEMS (Defensively Equipped Merchant Ship), ar gyfer y fordaith hon. Gynwyr o'r Llynges Frenhinol a'r Maritime Anti-Aircraft Regiments oedd yn cyflawni'r gwaith ar y DEMS. Er eu hymdrechion gorau, yn aml nid oedd gan y gynwyr ddigon o amser i arfogi cyn ymosodiad, yn enwedig felly gan long danfor. Roedd tri gynnwr DEMS ar y *Llanashe*, yn ogystal â Hodder, aelod o'r criw a oedd mae'n debyg, wedi cael ychydig o hyfforddiant fel gynnwr. Y mae cofnod diweddarach serch hynny'n awgrymu ei fod yn aelod o'r Llynges Frenhinol. Fel aelodau o'r Llynges Frenhinol, roedd Huntington a Norcross wedi cael eu haddysgu fel gynwyr ar yr HMS *President III*. Llong oedd hon wedi'i hangori ar lannau afon Tafwys ger Tower Bridge yn Llundain, ac wedi'i neilltuo'n arbennig i addysgu gynwyr. Aelod o'r Fyddin Frenhinol oedd Woodrow, ac wedi'i hyfforddi fel gynnwr yng nghartrawd y Royal Artillery.

Roedd cyflogau'r criw yn amrywio'n sylweddol, gyda'r capten yn ennill £36 y mis (gwerth tua £2,000 heddiw), a'r gwas caban yn ennill £5 (tua £270).

Yn Ionawr 1943 yr oedd pethau'n edrych yn dda i longau masnachol Prydain. Deunaw llong yn unig a gollwyd trwy weithred y gelyn, o'i gymharu â thua hanner cant y mis y flwyddyn flaenorol. Yn ystod mis Ionawr ni chollwyd yr un o longau Cymru. Yr oedd rhyw deimlad efallai bod y trai'n troi, oedd yn adlewyrchu gobeithion James yn ei lythyrau diweddaraf.

Llwybrau'n croesi

PAN ADAWODD Y *Llanashe* Basra ar 17 Ionawr 1943, hwyliodd ymlaen cyn cyrraedd ac aros yn Bandar Abbas ar arfordir de Iran rhwng yr ugeinfed a'r pedwerydd ar hugain o Ionawr. Yr oedd mordaith o 6,000 o filltiroedd o'i blaen cyn cyrraedd Cape Town. Yr oedd yn agored i ymosodiadau gan lyngesoedd yr Almaen a Japan. Roedd arni un gwn gweddol sylfaenol ar y starn – gwn a ddefnyddid gan longau y Llynges Frenhinol i danio at longau oedd yn eu hymlid. Yn ogystal, roedd pedwar gwn peiriant ysgafn. Gyda chyflymdra o 9.5 milltir môr yr awr yn unig, roedd yn darged amlwg i'r gelyn. Dros bedair blynedd, yr oedd James wedi wynebu'r her o ryfel ar y môr. Cyn gadael Basra gwyddai bod llong arfog Almaenig, y *Michel*, allan yng Nghefnfor yr India, a'i bod wedi suddo pump o longau y Cynghreiriaid ym misoedd olaf 1942. Yr oedd bygythiad o du'r U-boats hefyd. Ar un amser yr oedd o leiaf saith llong danfor Almaenig ac wyth Japaneaidd yn weithredol yn y cylch hwn. Yn fwyaf arbennig, roeddent yn chwilio am y gelyn yng ngheg Ceufor Persia a phen deheuol Sianel Mozambique, yr union lwybr y byddai disgwyl i'r *Llanashe* ei ddilyn. Ni wyddai James bod pump o U-boats newydd yr Almaen yn achosi dinistr i longau o gwmpas y Cape of Good Hope yn Ne Affrica hefyd, ymhellach ar y daith.

Wrth adael Bandar Abbas, porthladd wrth geg Ceufor Persia, ymunodd y *Llanashe* gyda chonfoi, gan hwylio'n ddiogel trwy gulfor peryglus Hormuz. Wrth basio ynys Masirah oddi ar arfordir dwyreiniol Oman, gadawodd y confoi a hwylio ymlaen ar ei siwrnai hir am Cape Town. Nid oedd ganddi osgordd bellach.

Mewn amser o heddwch byddai'r *Llanashe* wedi hwylio i'r de yn agos i ynys Socotra, rhyw ugain milltir oddi ar arfordir Somalia, ac ymlaen drwy Sianel Mosambique. Ond yn ystod 1942 suddwyd nifer fawr o longau'r Cynghreiriaid gan longau tanfor Japaneaidd yn y cyffiniau yma. Felly, gosododd James gwrs mwy diogel trwy basio rhwng Archipelago Chagos a'r Seychelles, yna i'r de o Ynys Rodrigues, a hynny bellter i'r dwyrain o Madagasgar yng Nghefnfor India. Roedd yn anelu at fan tri chan milltir yn glir o bwynt deheuol Madagasgar, cyn hwylio am y Cape of Good Hope. Byddai'r daith ymhell i'r dwyrain o'r cwrs arferol, ac yn golygu hyd at bedwar diwrnod ychwanegol o hwylio.

Yr oedd Cefnfor De India yn gymharol dawel a diogel, a'r bygythiad o ymosodiad gan U-boats yn fychan. Serch hynny, yr oedd James yn wyliadwrus, gan hwylio'n igam-ogam yn ystod y dydd, a chymryd cwrs sythach yn y nos, ar gyflymdra mwyaf y *Llanashe*. Erbyn 16 Chwefror yr oedd yn glir o beryglon Sianel Mozambique, ac yn hwylio i'r de-orllewin am Cape Town. Ond yn hwyr y noson honno, derbyniodd James neges o'r Morlys yn ei orchymyn i hwylio am Port Elizabeth, gan ymuno yno â chonfoi am Cape Town. Pedwar cant ac ugain o filltiroedd yn unig oedd rhwng y ddau borthladd. Byddai wedi bod yn amlwg i James bod yr U-boats yn weithredol o gwmpas y Cape of Good Hope erbyn hyn.

Yn ei lyfr *They Sank the Red Dragon* mae Bernard Edwards yn disgrifio'n fanwl ddigwyddiadau'r noson honno, sef 16 Chwefror 1943. Erbyn 10 o'r gloch y nos, yr oedd y *Llanashe* ar gwrs mwy gorllewinol, yn anelu am Port Elizabeth. Yr oedd yn eithaf stormus, ond yr oedd yr awyr yn glir a gwelededd yn dda.

Yr oedd yr *U-182*, dan gapteniaeth Nikolai, wedi cychwyn ar ei phatrôl cyntaf o Horten yn Norwy ar 9 Rhagfyr 1942 cyn cyrraedd y moroedd o gwmpas De Affrica. Yn barod yr oedd wedi suddo'r llong fasnach Brydeinig, yr *Ocean Courage*, ar 15 Ionawr 1943.

Ar 17 Chwefror 1943, roedd y sefyllfa'n berffaith i Nikolai anelu ei dorpidos at y *Llanashe*. Am chwarter i dri y bore, cafodd y *Llanashe* ei tharo gan dorpido ar ei hochr dde. Pan ruthrodd yr is-gapten, Samuel Lloyd, i fwrdd y llong, gwelodd y difrod enfawr. Yr oedd howld cargo rhif 4 wedi rhwygo'n agored i'r môr, gyda'r cynnwys wedi'i chwythu allan i'r nos. Yr oedd peiriant y *Llanashe* wedi tewi, ac yr oedd yn ymddangos ei bod yn suddo'n gyflym. Daeth neges o bont y capten i adael y llong. Roedd pedwar bad achub ar y llong, gyda digon o le i'r criw i gyd. Wrth geisio rhyddhau un o'r badau a sicrhau nad oedd yn taro'n erbyn ochr y llong yn y storm, syrthiodd Lloyd i'r môr. Dinistriwyd y bad a suddodd. Gwelodd y *Llanashe* yn diflannu dan y tonnau, starn yn gyntaf. Ar ôl tua thri chwarter awr, gwelodd Lloyd rafft achub bren chwe throedfedd sgwâr yn nofio'n isel yn y dŵr. Wrth frwydro'i ffordd arni, gwelodd bod tri arall arni, sef Robert Bressey yr Ail Is-gapten, Suetaka Saito y Prif Steward ac Alfred Hodder. Yr oeddent yn fyw, ond yn wlyb a lluddiedig. Yr oedd yn sefyllfa drychinebus, gyda'r tir mawr o leiaf wyth deg milltir i ffwrdd ac ychydig iawn o obaith o gael eu hachub. Nid oedd digon o amser wedi bod i yrru negeseuon eu bod mewn trybini. Gyda gwyntoedd gogleddol cryf byddai'r rafft yn cael ei hysgubo tuag at ehangder Cefnfor y De.

Wedi tua deng munud, daeth yr *U-182* i'r golwg ger y rafft i gadarnhau ei llwyddiant. Gwelodd y pedwar ar y rafft mor fawr oedd y llong danfor. Yr oedd dau wn arni, un ar y blaen ac un yn y tu ôl. Ar y tŵr llywio yr oedd nifer o ddynion mewn cotiau dyffl wedi dod i edrych ar ganlyniad eu noson o waith. Daeth y rafft yn erbyn y llong danfor, gan ddod â Lloyd at ei unig gyfarfod gyda Nikolai. Yn y rhyferthwy mynnodd Nikolai gael gwybod enw'r long a suddwyd ac i ble roedd yn mynd. Yn y diwedd ymddangosai ei fod wedi deall, ac ar hynny tynnodd yr *U-182* oddi wrth y rafft, gan adael y dynion arni i'w tynged. Ni chynigiodd Nikolai unrhyw gymorth iddynt, dim hyd yn oed bwyd a dŵr.

Pan wawriodd, roedd llewyrch o obaith. O'u rafft gwelai Lloyd a'i gwmni trallodus fod tair rafft arall rhwng y tonnau, gyda goroeswyr ar bob un. Gyda thrafferth, llwyddwyd i ddod â'r rafftiau yn agos, a'u clymu wrth ei gilydd. Erbyn hyn yr oedd un ar bymtheg o ddynion, gan gynnwys y Prif Beiriannydd David Harries, yr Ail Swyddog Radio Roger Tomkinson a'r Gynnwr Leslie Woodrow ar y rafftiau. Yr oedd yn ymddangos mai y rhain yn unig oedd ar ôl o griw y *Llanashe*. Nid oedd sôn am y capten, James Parry.

Fel y prif swyddog, cymerodd Lloyd gyfrifoldeb am y sefyllfa, gyda'r bwriad o rannu'r bwyd a'r diod oedd ar gael. Yn arferol byddai cyflenwad o fwyd a dŵr ar bob rafft, ond yn ei arswyd darganfyddodd mai dim ond cyflenwad bychan oedd ar gael ar un ohonynt. Yr oedd hyn yn cynnwys un tun o dabledi Horlicks, dau dun o siocled a hanner galwyn o ddŵr. Yr oedd ysbeilwyr wedi bod ar waith ym mhorthladd Basra, gan ddwyn o'r *Llanashe* cyn iddi adael.

Dros y pedair awr ar hugain nesaf gwaethygodd y sefyllfa, gyda'r tywydd yn dirywio. Yr oedd y rafftiau'n troi drosodd yn aml gan daflu'r dynion i'r tonnau, ac er bod y môr yn gymharol gynnes, yr oedd yn anodd iawn cael yn ôl arnynt. Yr oedd y tabledi Horlicks yn achosi mwy o syched, a bu raid eu taflu. Gosododd Lloyd ddogn o un darn o siocled a llymaid o ddŵr y dydd i bob dyn.

Ar wahân i Lloyd a Hodder, fesul un dechreuodd y dynion gyfogi a dioddef o salwch môr dychrynllyd. Yr oedd hyn, diffyg bwyd a diod, a dim cysgod oddi wrth yr elfennau, yn ddigon i'w gwanhau fwyfwy gan eu gyrru i ddyfnderoedd anobaith.

Am eiliad daeth llygedyn o obaith pan ymddangosodd awyren ar y gorwel, ond ni ddaeth yn agos at y rafftiau.

Erbyn y pumed diwrnod, ac yntau'n dawel golli'i bwyll, bu farw'r Ail Is-gapten Robert Bressey.

Erbyn y nawfed diwrnod, yr oedd y rafftiau wedi torri'n rhydd, ac nid oedd yr awydd na'r cryfder gan y dynion i'w tynnu'n ôl at ei gilydd. Yr oedd Lloyd, Hodder a Saito ar ben eu hunain ar eu rafft unwaith eto. Gwaethygu wnaeth cyflwr Saito, ac fe'i canfyddwyd wedi marw ar fore'r degfed diwrnod. Fe'i gollyngwyd yn dawel i'r môr dros ochr y rafft. Bedair awr ar hugain yn ddiweddarach yr oedd gweddill y dognau wedi mynd. Derbyniodd Lloyd a Hodder bod y diwedd wedi dod, a marwolaeth yn agos.

Yn hwyr ar 27 Chwefror, yr oedd llong fasnach o'r Iseldiroedd, y *Tarakan*, yn agosáu at Port Elizabeth o'r dwyrain, gyda'r gobaith o ymuno â chonfoi tuag at Cape Town. Efallai oherwydd tywyllwch y nos, penderfynodd y capten beidio â mynd ymhellach, ond hwylio'n ôl i'r môr gan ddisgwyl iddi wawrio.

Gyda'r wawr, gwelodd y gwyliwr ar y *Tarakan* dair rafft yn y pellter. Oddi ar ddwy ohonynt codwyd cyrff yn unig, ond ar y drydedd yr oedd Lloyd a Hodder yn anymwybodol ac mewn cyflwr truenus. Gofalwyd amdanynt cyn eu trosglwyddo yn gyntaf i'r H.M.S. *Carthage* ac yna'r H.M.S. *Racehorse*. Pan gyraeddasant Cape Town ar 4 Mawrth 1943, cymerwyd y ddau i ysbyty, ble y buont mewn gofal am saith wythnos.

Achubwyd saith arall yn dilyn suddo'r *Llanashe*, oddi ar fad achub yn agos i bentref pysgota Knysna ar arfordir De Affrica, hanner ffordd rhwng Cape Town a Port Elizabeth. Roeddent wedi cael eu cario 260 milltir gyda'r cerrynt.

Nid oedd y Capten James Parry ymysg y rhai a achubwyd.

****

Pam na roddodd Nikolai unrhyw gymorth i griw'r *Llanashe*? Yr oedd comanderiaid yr U-boats wedi cael eu hannog i fod yn wyliadwrus wrth agosáu at longau masnach oedd yn hwylio ar ben eu hunain, rhag ofn eu bod yn cario gynnau cuddiedig. Yr oedd disgwyl i U-boat agosáu o dan yr wyneb, gan ddod mor agos â phosibl i geisio adnabod y llong, ac i weld a oedd rhywbeth amheus i awgrymu bod gynnau ar ei bwrdd. Roedd o leiaf ddau dorpido yn barod i'w tanio. Yna, disgwylid i'r U-boat ddod i'r wyneb, ddim nes na 4,000 metr o'r llong, a gorchymyn iddi stopio. Nid oedd unrhyw aelod o griw yr U-boat i fynd ar fwrdd y llong, ond yr oeddid i roi gorchymyn i ddod â phapurau'r llong mewn un o'i chychod. Trwy'r amser roedd yr U-boat i aros mewn safle wrth starn y llong, gan bwyntio tuag ati, er mwyn gwneud yr U-boat yn darged mor fach â phosibl. Yn y cyfamser roedd cyfle i griw'r llong adael mewn cychod achub.

Yr oedd sawl enghraifft yn ystod y rhyfel pan sicrhaodd comander yr U-boat fod criw llong fasnach yn ddiogel, ac yn cael cyflenwadau digonol iddynt allu goroesi. Ar ddechrau'r rhyfel yr oedd Hitler wedi gorchymyn i'w U-boats ddilyn yr Amodau Ysbail (Prize Regulations), fel yn ystod y Rhyfel Mawr. Yr oedd yn rhaid sicrhau man o ddiogelwch i griwiau a theithwyr llongau masnach, cyn eu suddo neu eu cymryd yn ysbail. Os oedd y llong yn cario nwyddau rhyfel, byddai'n cael ei suddo un ai gyda thorpido, neu fe fyddai ffrwydron yn cael eu gosod arni i'w dinistrio. O ddewis, byddai'r U-boat yn defnyddio'i gynnau i ddinistrio'r llongau llai. Yr oedd hyn yn fwyaf perthnasol i'r U-boats mwyaf, yn enwedig y rhai oedd yn gweithredu yn ne Môr Iwerydd a Chefnfor India. Oherwydd bod y rhain mor bell o gartref, yr oedd yn rhaid iddynt ddefnyddio'u torpidos yn ofalus. Yr oedd hyn i gyd yn dderbyniol mewn egwyddor ond yn ymarferol roedd y sefyllfa'n aml yn dra gwahanol.

Bu digwyddiad pwysig a dadleuol yn ystod Medi 1942. Yr oedd yr *U-156* wedi ymosod ar y llong deithio Brydeinig R.M.S. *Laconia*, ac yr oedd ei chomander yn y broses o geisio achub y rhai oedd wedi goroesi. Wrth i hynny ddigwydd ymosododd awyren filwrol Americanaidd, (Boeing B-24 Liberator), ar yr *U-156*. Bu raid i'r llong danfor blymio yn syth, gan adael y goroeswyr i'w ffawd. O fewn dyddiau yr oedd Dönitz wedi cyhoeddi Gorchymyn Laconia, yn gwahardd unrhyw weithred o achub cyffelyb yn y dyfodol.

Yr oedd sawl achlysur ble byddai U-boat yn gweithredu ar ei phen ei hun. Weithiau byddai o fewn cylch i wneud adroddiadau am y tywydd, ac i adnabod symudiadau llongau. Dro arall byddai wedi cael ei gyrru i ryw fan neilltuol, yn barod i ymosod ar darged fyddai'n mynd heibio.

Fel comander ei U-boats, mae'n ymddangos mai gweithredu ar ei ben ei hun oedd Nikolai gan amlaf, gan gynnwys ei gyfnod ar yr *U-182*. Er nad oedd ef yn aml dan fygythiad arbennig, ceir yr argraff mai didostur fyddai Nikolai ar y cyfan wrth ymosod ar longau masnach y gelyn, ac eto nid oedd yn gyson ei weithredoedd chwaith. Nid oes tystiolaeth ei fod yn rhoi rhybudd cyn eu dinistrio nac yn rhoi cyfle i'r criwiau adael eu llong yn ddiogel mewn digon o amser. Nid oedd chwaith yn gadael cyflenwadau i'r rhai oedd yn goroesi. Serch hynny, mae cofnod iddo gymryd capteiniaid llongau masnach yn garcharorion ar o leiaf ddau achlysur, a hynny ar ôl i Dönitz gyhoeddi Gorchymyn Laconia. Ond rhaid cofio mai nid gweithred o drugaredd oedd hyn mewn gwirionedd, er ei fod yn eu cadw'n fyw. Trwy eu carcharu, y bwriad oedd sicrhau bod nifer y capteiniaid a allai fod yn weithredol yn y dyfodol yn lleihau.

Mae hanes yn awgrymu mai gweithredu heb unrhyw drugaredd wnaeth Nikolai pan ymosododd ar y *Llanashe*.

Nid yw'n syndod bod rhai hyd heddiw yn clodfori Nikolai, a'i weld yn arwr. Mae sôn fod ganddo lysenw, 'Der Rettende Engel' – sef, angel achubol. I gyfiawnhau hyn, mae cyfeiriadau at y digwyddiadau pan fu iddo achub nifer fawr o griwiau'r *Kota Pinang* a'r *Python* pan oedd yn gomander yr *U-129* yn 1941. Wrth gwrs, cydwladwyr oedd y rhain, a gweithredu yn rhinwedd ei swydd a than orchmynion uwch yr oedd.

****

Ar ôl suddo'r *Llanashe*, dinistriodd yr *U-182* ddwy long arall i'r de-ddwyrain o Durban, sef yr S.S. *Richard D. Spaight* a'r S.S. *Alloe*. Yn ffodus, un yn unig a laddwyd, sef aelod o griw y *Richard D. Spaight*. Yn ôl ei arfer, byddai Nikolai yn edrych dros ganlyniad ei lwyddiant ar ôl dod â'r *U-182* i'r wyneb, yn holi y rhai oedd wedi goroesi dinistr eu llong, ac yna'n eu gadael i'w ffawd. Ond cymerwyd capten y long Brydeinig S.S. *Alloe*, Angus MacLennan, yn garcharor ar yr *U-182*. Yn dilyn suddo'r ddwy long yma, achubwyd 113 gan longau eraill.

Erbyn 1 Mai 1943 yr oedd yr *U-182* wedi cyrraedd yn agos i'r cyhydedd, i'r gorllewin o Affrica. Yno, am dri o'r gloch y prynhawn, suddodd yr *Adelfotis*, llong fasnach yn cario had llin rhwng Buenos Aires a Freetown. Lladdwyd un o'r criw a goroesodd 38. Cymerwyd y capten yn garcharor ar yr *U-182*.

Ond daeth llwyddiant Nikolai i ben ychydig ddyddiau wedyn. Ar 15 Mai 1943 gwelwyd U-boat i'r gorllewin o ynysoedd Madeira gan griw awyren ryfel Americanaidd (Boeing B-24 Liberator). Gollyngodd yr awyren bedair bom danddwr arni. O weld stribyn mawr o olew ar wyneb y môr, credai criw'r awyren eu bod wedi dinistrio'r *U-182* ond ni allent gadarnhau hynny'n bendant. Daeth y cadarnhad y diwrnod canlynol pan ollyngwyd mwy o fomiau tanddwr gan y llong ddistryw Americanaidd USS *MacKensie*. Dim ond ar ôl y rhyfel y datgelwyd yn derfynol mai yr *U-182* oedd wedi cael ei dinistrio ar yr achlsur hwn ac fe laddwyd Nikolai fel un o'r criw o 61 oedd ar ei bwrdd. Yn ogystal, lladdwyd capten yr *Alloe* a chapten yr *Adelfotis*, oedd arni fel carcharorion.

Mae rhestr o'r criw a gollodd eu bywydau ar yr *U-182* wedi'u cofnodi fel a ganlyn:

Enw	Rheng/Swydd	Oed
Arnold, Horst	Motorman	19
Baur, Erwin	Motorman	19
Behrendts, Kurt	Radioman	26
Beiche, Gerhard	Seaman	22

Breitkopf, Hans-Jürgen	Leutnant zur See (2nd Watch Officer)	21
Brunner, Wilhelm	Motorman - officer	28
Buschkämper, Hans	Motorman	20
Clausen, Asmus Nikolai	Korvettenkapitän (Commander)	31
Diemert, Günter	Radioman	21
Dietl, Franz	Motorman – officer	26
Dunisch, Werner	Radioman – officer	25
Fenzel, Erwin	Motorman – officer	28
Fiacre, Heinz	Motorman	23
Fischer, Hermann	Motorman	19
Golek, Hans	Motorman	20
Grether, Helmut	Motorman	25
Grim, Josef-Ferdinand	Motorman	23
Grochoki, Witold	Motorman	22
Guth, Erich	Torpedoman's Mate	23
Haase, Horst	Motorman	20
Hallek, Günter	Radioman – officer	24
Heinichen, Georg-Wilhelm	Oberleutnant zur See (1st Watch Officer)	23
Heinrich, Rudi	Motorman	20
Herr, Johann	Oberfähnrich zur See (Sub Lieutenant)	25
Heym, Gerhard	Motorman	21
Hillebrand, Ernst	Obersteuerman (Chief Quartermaster)	32
Hofmann, Werner	Motorman	21
Kaiser, Werner	Seaman	24
Kaminska, Fritz-Karl	Seaman	19
Keppler, Hans-Joachim	Seaman	20
Klaunig, Bernhard	Kapitänleutnant Ingenieur (Chief Engineer)	29
Korff, Heinrich	Motorman	20
Krönauer, Alois	Radioman	19
Kunz, Karl	Motorman	19
Mai, Arthur	Motorman	23
Maibohm, Robert	Leutnant zur Zee (2nd Watch Officer)	22
Mettchen, Werner	Motorman	20

JAMES A NIKOLAI

Mittman, Bernhard	Seaman	18
Nawroth, Heinz	Bootsmann (Bosun)	20
Pfeiffer, Dietrich	Fähnrich zur See (Midshipman, cadet)	18
Plank, Johann	Bootsmann (Bosun)	20
Richter, Werner	Motorman	19
Röhricht, Kurt	Motorman – officer	28
Runte, Dr. Wilhelm	Marine-Stabsarzt – doctor	32
Schaube, Hans-Jochen	Leutnant Ingenieur (Deputy Chief Engineer)	22
Schendel, Helmut	Motorman – officer	24
Scholz, Nikolaus	Bootsmann (Bosun)	25
Schöne, Rolf	Radio personnel	22
Schorsch, Ludwig	Motorman	22
Sehrt, Richard	Seaman	19
Spieler, Helmut	Bootsmann (Bosun)	26
Tewes, Hermann	Torpedo personnel	20
Tiesler, Erich	Motorman	22
Urban, Gottfried	Motorman	21
Volkmer, Kurt	Seaman	18
Wattrodt, Günter	Seaman	18
Weimer, Ernst	Motorman	21
Weiske, Heinrich	Medical personnel	21
Wilczeck, Reinhold	Torpedo personnel	20
Wunderlich, Johannes	Torpedoman's mate	23
Zacharias, Adolf	Motorman	26

Almaenwyr oedd y criw i gyd. Yn arferol ar U-boat byddai pedwar prif swyddog. Gan y Korvettenkapitän oedd y cyfrifoldeb mwyaf – ef fyddai'n gwneud y penderfyniadau mwyaf tyngedfennol. Ei ddirprwy oedd yr Oberleutnant zur See, a fyddai'n dilyn camau'r Korvettenkapitän yn ofalus rhag i hwnnw fynd yn wael neu gael ei ladd mewn brwydr. Roedd hefyd yn gyfrifol am yr arfau a byddai'n arwain saethu'r torpidos pan fyddai'r llong danfor yn ymladd ar wyneb y môr. Y nesaf yn y rheng oedd y Leutnant zur Zee – ef oedd yn gyfrifol am y criw a'r gynnau ar y dec a byddai'n goruchwylio'r criw yn yr ystafell radio. Yna, roedd y Kapitänleutnant Ingenieur, neu'r Leitender Ingenieur, sef y prif beiriannydd, oedd yn gyfrifol am holl offer peirianyddol y llong danfor. Ef hefyd fyddai'n gyfrifol am drefnu ei suddo mewn argyfwng. Golygai hynny y byddai llawer o'r prif beirianwyr yn colli eu bywydau. Mae'n ymddangos bod dau swyddog arall ar yr *U-182*, sef y Fähnrich zur See ar y rheng isaf, a'r Oberfähnrich zur See, un rheng yn uwch na hynny. Swyddogion yn dechrau eu gyrfa yn y Kreigsmarine oedd y rhain. Roedd y nifer o 'motormen' yn gyfrifol am redeg peiriannau'r long danfor. Roedd y 'seamen' yn hanfodol i sicrhau bod y llong danfor yn gweithredu'n foddhaol. Byddent ar y dec yn cadw gwyliadwriaeth, yn gweithio'r gynnau, llwytho'r torpidos, paratoi bwyd a sawl swydd arall.

Wrth i'r Ail Ryfel Byd rygnu ymlaen, ac wrth i'r U-boats fynd yn fwy, nid oedd hi'n anghyffredin i weld meddyg arnynt. Felly roedd hi ar yr *U-182*, gyda Dr. Wilhelm Runte, yn 32 oed, ar ei bwrdd. Os na fyddai meddyg ar U-boat, yna byddai aelod o griw'r ystafell radio yn trin problemau meddygol orau y gallai. Roedd Dr. Runte ar reng oedd yn gyfartal â'r Oberleutnant zur See.

Mae'n drawiadol pa mor ifanc oedd aelodau criw'r *U-182*, hyd yn oed y swyddogion, gyda'r rhai hynaf yn ddim ond 32 oed. Bywyd byr ac anodd a gawsant.

Ar unig batrôl yr *U-182*, a barhaodd am 159 diwrnod, suddodd bum llong (30,071 tunnell) a chollodd 87 eu bywydau. O dan ei gapteniaeth ar dair U-boat am gyfanswm o 424 o ddyddiau ar batrôl rhyfel, suddodd Nikolai 24 llong (74,807 tunnell), a chollodd 284 eu bywydau. Dim ond 31 oed oedd Asmus Nikolai Clausen pan fu farw. Tybed a wyddai fod ei wraig, Hella, gartref yn yr Almaen yn feichiog? Ganwyd merch i Hella, Ine, yn 1943, ond ni welodd Nikolai mohoni.

Yn ôl yn Bremen daeth partïon hael Maluvius yn ei gartref i ben

Korvettenkapitän Asmus Nikolai Clausen.
(Trwy ganiatâd Ine Wenckebach)

yn sydyn. Arestiwyd Hermann Maluvius yn Chwefror 1944 am resymau nad yw'n amlwg, ond mae'n ymddangos bod cystadleuydd iddo wedi achwyn arno am gamddefnyddio cynhyrchion tybaco. Fe'i rhyddhawyd o'r carchar yn Awst 1945 yn ŵr gwael, a bu farw yn ei gartref yng Ngorffennaf 1946. Mewn ysgrif goffa iddo yr oedd gan Hella gyfenw arall – yr oedd wedi ailbriodi'n fuan ar ôl marwolaeth Nikolai.

Ar 5 Ebrill 1945, ac ar ôl ei farwolaeth yn unig y dyrchafwyd Nikolai yn swyddogol yn Korvettenkapitän (Comander), er ei fod yn cael ei ystyried felly cyn iddo farw yn ôl y cofnodion.

Nid oes bedd i ddangos y man ble y bu i unrhyw un o aelodau criw'r *U-182* ddod i ddiwedd eu hoes. Hawdd fyddai i atgofion o'u bywydau byr ddiflannu gydag amser. Beth bynnag oedd eu cefndir, eu credoau a'u gweithredoedd, mae'n dda eu bod yn cael eu coffáu yn y Möltenort U-Boat Memorial yn Helkendorf, ger Kiel yn yr Almaen. Yno, yng nghysgod cofgolofn enfawr gydag eryr ar y brig yn goruchwylio, mae enw Nikolai i'w weld ar blac, yng nghanol miloedd o rai eraill – hynny lai na chan milltir o Flensburg o ble roedd yn enedigol.

Gwewyr

YN NATURIOL, ROEDD y gofid a deimlai Mary a Margery wrth ddisgwyl newyddion am James Parry yn annioddefol. Ers y telegram a gyrhaeddodd ganddo ar 16 Ionawr 1943, nid oedd Evan Thomas Radcliffe & Co. wedi gallu rhoi unrhyw wybodaeth bellach am y *Llanashe*. Aeth mis o ddistawrwydd poenus heibio. Gydag amser rhoddwyd gwybod i Evan Thomas Radcliffe & Co. fod y *Llanashe* wedi'i suddo, ac nad oedd unrhyw arwydd bod James Parry wedi goroesi'r drychineb.

Yn hytrach na chysylltu'n syth â Mary, anfonodd Evan Thomas Radcliffe & Co. lythyr at un o'u capteiniaid, Capten John Jones, Tynrhos, Rhoshirwaun ger Aberdaron, ar 4 Mawrth 1943 gan ofyn iddo geisio cael offeiriad neu weinidog lleol i ddanfon y llythyr gyda'r newyddion dirdynnol i Mary a Margery. Ni ellir ond dychmygu y tristwch pan dorrwyd y newyddion iddynt. Tybed ai gweinidog capel Deunant, ble roeddent yn aelodau, gymerodd y faich ddiflas hon?

Daeth llythyr arall gan Evan Thomas Radcliffe & Co., ar 22 Mawrth 1943, i'r Capten John Jones, wedi i Mary ysgrifennu atynt yn holi am fwy o wybodaeth. Erbyn hyn yr oedd y cwmni wedi cael mwy o fanylion o Cape Town. Yr oedd Samuel Lloyd wedi gallu adrodd peth o'r hanes ar ôl gwella rhywfaint o'i brofiadau erchyll. Nid oedd wedi gweld Capten James Parry ar ôl i'w long gael ei tharo. Daethpwyd i'r canlyniad ei fod wedi colli'i fywyd. Gofynnodd Evan Thomas Radcliffe & Co. i'r Capten John Jones roi'r newyddion yma i Mary a Margery. Mae'r llythyr yn gorffen yn oeraidd a digydymdeimlad drwy ofyn i Capten Jones holi Mary am unrhyw gofnod o gyfrifon a manylion o'r arian cyflog a roddodd

EVAN THOMAS RADCLIFFE & Cº

STEAMSHIP OWNERS & BROKERS.

HENRY CHARLES BOLTER.   KW.
L.H. ALLEN PRATT. LL.B.

Baltic House,
Mount Stuart Square,
Cardiff   4th. March 1943
                Thursday.

Dear Mrs Parry,

We are sorry to have to inform you that the absence of news of the vessel on which your husband, Captain J. Parry, was serving, was causing us considerable anxiety and towards the end of last month we received news that survivors had been picked up and later landed.   Without knowing who these men were, however, we could not, as you will understand, communicate the information to anyone.

Since then we have had their names and we are pained indeed to have to state that your husband   is not amongst them.   We nevertheless fervently hope that others might have been picked up and that ere long we shall receive word of their safety.

We fully realise the distress this letter is bound to occasion you and sincerely trust that we might have some reassuring news to transmit to you later, in which event you would hear from us immediately.   Meantime we would assure you of our deep sympathy in your anxiety.

Yours faithfully,

Mrs M. Parry,
    "Tywyn",
        Aberdaron,
            Pwllheli.

Llythyr gan Evan Thomas Radcliffe yn cadarnhau marwolaeth James.

James i'r criw yn ystod y fordaith olaf. Yr oedd Mary, wrth gwrs, wedi derbyn a chadw'r dogfennau hyn. Daeth llythyr pellach o gydymdeimlad gan y cwmni i Mary ar 25 Mawrth 1943. Yr oeddent yn dal i lythyru tan fis Mai yn gofyn am fwy o fanylion am y cyflogau, yn enwedig y rhai a ddosbarthwyd yn Basra. Nid oedd y rhain gan Mary, ond yr oedd James wedi'u rhoi i'w Is-gapten, Lloyd, yn ystod y fordaith o Basra.

Daeth llythyr arteithiol ar 26 Ebrill 1943 i Mary a Margery gan Samuel Lloyd. Yr oedd newydd ddychwelyd yn annisgwyl i'w gartref, Muriau Gwyn, Beulah, Castellnewydd Emlyn yn Sir Gaerfyrddin, ddyddiau ynghynt. Nid oedd ei iechyd yn dda, ac eglurodd bod ei lawysgrifen yn wael oherwydd bod ei law dde wedi'i pharlysu. Y mae'n cadw'r hanes am yr hyn a ddigwyddodd pan suddwyd y *Llanashe* yn fyr, ac yn wir, mae'n debyg iawn i'r hyn a gofnodwyd gan Bernard Edwards yn ei lyfr flynyddoedd lawer wedyn. Ysgrifennodd Samuel Lloyd:

> We were torpedoed on the morning of the 17th Feb, at 3 a.m., pitch dark and very bad weather. I was speaking to Capt. Parry about midnight after which both of us went to bed. I'm sorry to say I did not see him after the explosion, because, as you know, we had to attend to our respective lifeboats. I knew that to get the boats away would be almost impossible. I went down the ladder myself into the boat I thought but I fell into the water and I didn't see anybody after that until I was picked up about an hour later on to a raft, where I spent the next 13 days and nights. I was told by the late Mr. Harries (Chief Engineer) that he spoke to Capt. Parry on deck as they were lowering the boat but did not see him after that. As you probably know the two life boats were smashed up by the heavy seas, otherwise I think all hands would have been saved. It is my opinion that Capt. Parry went down with his ship, the only other possibility is, but rather remote, that he was picked up by the submarine. I can tell you this Mrs. Parry that a man of his character, coolness and devotion to duty was not afraid to die and I think I knew him well after the years we spent together.

PORTAGE BILL.

Cyfrifon y Llanashe o'i mordaith olaf.

Gobeithiai Lloyd deithio i Aberdaron i weld Mary a Margery ar ôl iddo wella. Amgaeodd gopi o'r cyfrifon a roddwyd iddo gan James, i'w gyrru ymlaen i Evan Thomas Radcliffe & Co..

Gyrrodd Samuel Lloyd lythyr eto ar 8 Mai 1943 i Mary, gan roi ychydig mwy o wybodaeth. Cadarnhaodd mai U-boat Almaenig a suddodd y

Llanashe, a'i fod wedi siarad gyda Nikolai cyn iddo'u gadael. Cadarnhaodd hefyd bod yr Ail Beiriannydd, David Owen Jones o Geredigion, wedi colli'i fywyd. Yr oedd Lloyd am wneud cais i gael petrol fel y gallai yrru car i Aberdaron i weld Mary a Margery.

Yn ôl llythyr dyddiedig 13 Mai 1943 gan Evan Thomas Radcliffe & Co. at Mary, yr oedd yn amlwg eu bod wedi cyfarfod â Lloyd erbyn hynny. Yr oedd wedi adrodd yr un hanes iddynt am y drychineb, ac na welwyd Capten James Parry ar ôl i'r *Llanashe* suddo.

P'run ai oherwydd nad oedd corff i'w gladdu neu oherwydd ymateb naturiol o golli gŵr a thad, dal i gydio mewn llygedyn o obaith yr oedd Mary a Margery. Yn ystod yr wythnosau a aeth heibio, yr oeddent yn dal i holi a chwilio am unrhyw wybodaeth am James. Daeth llythyr iddynt, dyddiedig 6 Gorffennaf 1943, gan Gwynfor Harries Fowler, y Trydydd Swyddog ar y *Llanashe*. Yr oedd Fowler gartref yng Ngheinewydd, Ceredigion, ac yn un o'r rhai a oroesodd. Yr oedd wedi bod mewn cysylltiad gyda Lloyd ar ôl dychwelyd i Gymru, ac fe ofynnodd yntau iddo ysgrifennu at Mary. Nid oedd ganddo ddim byd newydd i'w ategu. Yr oedd wedi bod mewn ysbyty yn Durban am ddeufis, ac yna am fis arall mewn ysbyty yn Lerpwl.

Gyrrodd Fowler lythyr arall i Mary ar 21 Gorffennaf 1943. Gellir gweld yn amlwg ei fod yn dioddef yn sylweddol o'i brofiadau, ac yn gobeithio na fyddai raid iddo fyth fynd trwy'r un profiad eto. Mae'n ymddangos bod Mary wedi bod yn ei holi am fwy o wybodaeth, ac wedi ceisio cysylltu gyda Bernard Kelly, prentis ar y *Llanashe*, a oedd hefyd wedi goroesi ei suddo. Ni wyddai Fowler gyfeiriad Kelly. Disgrifiodd Fowler yr hyn a ddigwyddodd iddo yn y drychineb. Yr oedd wedi gweld Lloyd yn disgyn i'r môr, tra roedd yr un dynged wedi digwydd iddo yntau. Yr oedd wedi gweld yr *U-182* yn dod i'r wyneb, a Nikolai yn bloeddio ar rywun, mae'n debyg Lloyd. Brwydrodd ei ffordd ar rafft. Nid oedd neb arni. Bu arni am rai dyddiau ar ei ben ei hun, cyn iddo drwy ryw ryfedd wyrth gael ei godi i fad achub. Daeth i'r amlwg wedyn mai hwn oedd yr unig fad achub a ddihangodd heb ei ddinistrio pan suddodd y *Llanashe*. Arno roedd tua wyth o forwyr, prentis ac un peiriannydd. Cymerodd Fowler reolaeth o'r bad, ac er y tywydd garw, ei lywio yn ddiogel am wyth diwrnod. Nid oedd neb arno wedi gweld Capten James Parry. Bu farw tri o'r morwyr ar y bad achub. Ar y deuddegfed diwrnod achubwyd y rhai oedd ar ôl gan long ryfel gyfeillgar, a'u cludo i Durban.

Daeth llythyr eto, dyddiedig 24 Gorffennaf 1943, i Mary gan Lloyd. Yr oedd yn credu bod Capten James Parry wedi rhoi cês, gyda phapurau'r *Llanashe* ynddo, i Kelly, cyn mynd yn ôl i'w gaban ar y noson dyngedfennol. Yn ôl Lloyd, yn anffodus fe gollodd Kelly y cês. Ac yntau gartref bellach, yr oedd Lloyd wedi ymddangos ger bron bwrdd meddygol. Yr oedd gorchymyn iddo aros gartref am dri mis arall o leiaf.

Daeth ychydig mwy o wybodaeth mewn llythyr pellach gan Fowler. Yr oedd yn cytuno gydag adroddiad Lloyd am Kelly gan nodi mai Kelly oedd y prentis ar y bad achub gydag o. Yr oedd Kelly wedi siarad gyda'r Capten James Parry ychydig cyn i'r torpido daro'r *Llanashe*. Yr oedd James yn ddigynnwrf fel arfer, a cherddodd yn ôl i'w gaban. Ni welwyd ef wedyn. Yr oedd yn bosibl ei fod wedi mynd yno i nôl rywbeth, ac wedi methu dod allan.

Derbyniodd Mary lythyr ym mis Medi 1943 gan Gwilym Jones o Gaerdydd. Yr oedd Gwilym Jones yn fab i'r diweddar Griffith Jones, Gwythrian, Aberdaron, ac yn gyfaill agos i James pan aeth i Gaerdydd am y tro cyntaf. Yr oedd yn llysfrawd i David Owen Jones, yr Ail Beiriannydd ar y *Llanashe*, ac a fu farw ar 17 Chwefror 1943. Yr oedd yntau fel ei deulu mewn galar. Cafodd y cyfle i gyfarfod gyda Lloyd, ac i rannu hanesion. Roedd Gwilym Jones wedi clywed o ffynhonnell ddibynadwy fod posibilrwydd mai llong danfor Japaneaidd ymosododd ar y *Llanashe*, a bod swyddogion y llong wedi cael eu cymryd yn garcharorion. Daeth i'r canlyniad bod y gobaith lleiaf fod Capten James Parry a rhai o'r criw yn dal yn fyw. Ond mewn amser daeth i'r amlwg mai gobaith gwag oedd hyn.

Daeth llythyr arall gan Gwilym Jones i Mary dair wythnos yn ddiweddarach, a hynny mewn ateb i lythyr gan Margery. Yr oedd yn glir erbyn hyn bod Lloyd wedi teithio i Aberdaron i gyfarfod Mary a Margery. Hefyd, yr oedd y ddwy eisiau cysylltu gyda Bernard Kelly, y prentis. Holodd Gwilym Jones rywun oedd yn gweithio i Evan Thomas and Radcliffe & Co. yng Nghaerdydd, ac awgrymwyd iddo y byddai'n fwy addas cysylltu gyda William Lewis Davies, prentis arall ar y *Llanashe* oedd yn byw yn Wdig yn Sir Benfro, gan fod Kelly i ffwrdd ar y môr.

Gyda chwrs amser, fodd bynnag, dechreuodd Mary a Margery dderbyn y gwaethaf. Yn wir, ym mis Hydref 1943, derbyniodd Mary lythyr swyddogol i'r perwyl hwn gan Frederick Leathers, y Gweinidog Rhyfel dros Gludiant, o Berkeley Square House yn Llundain. Am roi ei fywyd i wasanaethu ei wlad cofnodwyd Capten James Parry ar Restr Gwroniaid y Llynges Fasnach. Daeth nodyn ffurfiol o gydymdeimlad hefyd gan y Brenin George VI.

Y mis Hydref 1943, derbyniodd Samuel Philip Lloyd a Gwynfor Harries Fowler yr MBE ym Mhalas Buckingham, am eu gwroldeb, morwriaeth a dycnwch. Ymddangosodd eu hanes yn y *London Gazette* ar 23 Tachwedd 1943. Hwn oedd un o bapurau newydd swyddogol pwysicaf y llywodraeth, ac fe gofnodai restrau o rai oedd yn cael eu hanrhydeddu. Ymddangosodd enw Alfred Hodder yn yr un papur ar 28 Rhagfyr 1943, ar ôl iddo gael ei gyflwyno gyda'r BEM (British Empire Medal) am ei wroldeb a dycnwch wedi goroesi ar rafft am 11 diwrnod. Yma, mae'n cael ei alw fel 'temporary acting leading seaman'. Ar ôl y rhyfel derbyniodd y '1939-45 War Medal', a'r fedal '1939-45 Star'.

Ymddangosodd erthygl yn y *County Echo* hefyd, papur lleol yn Sir Benfro, am William Lewis Davies, gyda'r teitl '15 Days on a Raft'. Mab ugain oed i'r Capten Lewis Davies oedd William. Yr oedd yn ôl yn Wdig ar ôl cyfnod o bum mis mewn ysbyty. Yr un oedd stori Davies am suddo'r *Llanashe*. Cafodd yntau ei hun ar rafft gyda chwech arall arni, cyn ymuno â'r rafftiau eraill am gyfnod. Dros y dyddiau canlynol trodd y rafft drosodd bedair gwaith, mor arw oedd y tywydd. Bu farw un yn fuan o oerfel. Tybiodd un arall iddo weld tir ar y gorwel, ond cwmwl yn unig oedd yno. Yr oedd y siom yn ddigon i wneud i ddau ohonynt golli eu pwyll. Dywedodd un, 'I'm just strolling home for cup of coffee, fellows,' gan gerdded dros ochr y rafft. Er ei dynnu'n ôl arni, bu farw'n fuan wedyn. Camodd un arall i'r môr dair gwaith, ac er cael ei achub ddwywaith, yr oedd y goroeswyr eraill yn rhy wan i'w dynnu'n ôl y drydedd waith. Yfodd un arall weddill y dŵr i gyd, a bu farw bron yn syth. Yn y dyddiau canlynol, gwelai'r rhai oedd ar ôl nifer o bysgod hedfan, ond methwyd â dal yr un. Glaniodd albatros ar y rafft unwaith, ond ni allasant fynd yn ddigon agos ato i'w daro gyda bar haearn. Ar un adeg yr oedd cymaint â deugain o siarcod yn amgylchynu'r rafft, gan geisio'i throi drosodd. Erbyn hyn yr unig beth oedd yn cadw'r dynion i fynd oedd ymladd y siarcod, gan mai syrthio i fod ar drugaredd y rheiny fyddai'r dynged waethaf. Yr oeddent wedi cyrraedd cymaint o wendid fel y bu iddynt ystyried taflu eu hunain i'w tranc. A hwythau ar fin gwneud hynny gwelodd un ohonynt long yn y pellter. Yr oedd yr hyn a ddigwyddodd wedyn fel breuddwyd ac ni allasant gredu eu bod wedi cael eu hachub. Y noson honno cawsant y noson o gwsg gyntaf ers i'r *Llanashe* suddo. Yr oedd y bynciau ar y llong bron yn rhy esmwyth. Daethant yn fwy ymwybodol nag erioed o werth dŵr. Pob diwrnod, tra roeddent ar y llong, yr oeddent yn cael dau beint o ddŵr, a brandi!

Yn y cyfamser, yr oedd Margery wedi ysgrifennu at Davies, gan obeithio ei ddal gartref yn Wdig. Ond yn amlwg nid oedd yno, a gyrrwyd y llythyr ymlaen i Gaerdydd, ble roedd ei fam yn byw ar y pryd. Ysgrifennodd mam Davies at Margery ddechrau Tachwedd 1943 i egluro ei fod wedi dychwelyd i'r môr ers wythnos ac mai pum wythnos yn unig y bu adref.

Nid yn unig yr oedd ei mab ar y môr eto, ond yr oedd ei gŵr Lewis hefyd. Nid oedd Davies wedi sôn llawer am ei brofiadau, ond yr oedd yntau wedi dweud mai Bernard Kelly mae'n debyg oedd yr unig un i weld Capten James Parry yn y munudau olaf. Unwaith eto, y mae'n ymddangos bod James wedi rhoi papurau'r *Llanashe* i Kelly cyn iddo ddychwelyd i'w gaban, ac efallai iddo gael ei ddal yno oherwydd i'r llong suddo mor sydyn.

Ysgrifennodd Margery lythyr at Bernard Kelly hefyd, i'w gyfeiriad yn Charlton, Llundain. Ei fam atebodd mewn llythyr heb ei ddyddio. Yr oedd ei mab oddi cartref ar y môr eto ers bron i flwyddyn a byddai oddi cartref am flwyddyn arall. Y mae'n debyg felly i Dorothy Kelly yrru'r llythyr yn 1944. Yr oedd am basio'r neges ymlaen i Bernard.

Yn wir, fe ddaeth llythyr heb ei ddyddio i Margery gan Bernard, mae'n debyg yn 1944 neu 1945. Mae'n disgrifio y noson y suddwyd y *Llanashe* fel hyn:

Well, I think I had better start from the time we were torpedoed. When the torpedo hit us, myself and a few others managed to get into a lifeboat. This when I saw your father, Capt. Parry. He appeared on the boat-deck, and after my query as to whether he was coming into the lifeboat, he replied that he would hang on for a bit longer. He also gave me his brief case containing ship's papers, with the instructions to deliver them, if possible, as soon as we made land. By this time the Llanashe was sinking fast. When the ship had eventually gone we managed to pick up a few more survivors, but I'm sorry to say that I did not see your father again. As you most likely likely know, I was on the Peterston and the Llanashe with your father, and I can assure you that he was a proper gentleman to sail with.

Eglurodd Kelly ei fod yn paratoi i fod yn Ail Is-gapten. Ni chlywyd ganddo wedyn.

Mae'n debyg mai'r llythyr yma gan Kelly oedd y pwysicaf i Mary a

Margery, ac mewn rhyw ffordd gellir tybio ei fod wedi dod â rhyw fath o derfyn ar fisoedd o ansicrwydd a gofid. Er y nifer o adroddiadau a gawsant gan y rhai oedd ar y *Llanashe* pan suddodd y noson dyngedfennol honno ar 17 Chwefror 1943, Kelly oedd yr olaf i weld y Capten James Parry a siarad ag ef. Yr oedd yn llygad-dyst i'r munudau olaf.

Erbyn hyn gallai Mary a Margery roi'r darnau yn eu lle, ac yr oedd y stori mor glir ag y gallai fod o dan yr amgylchiadau.

****

Pan adawodd James ei gartref a'i deulu am y tro olaf, gwyddai ei fod unwaith eto'n wynebu peryglon enbyd. Yr oedd wedi bod yn ffodus tan hynny ar sawl mordaith yn ystod yr Ail Ryfel Byd. Am faint fyddai ei lwc yn parhau? Tybed oedd ei amheuon yn cynyddu, i'r graddau iddo benderfynu gadael eiddo personol gartref, gan gynnwys y fodrwy briodas yr oedd yn ei thrysori? Mae'n sicr bod Mary a Margery yn poeni'n fwy nag arfer, ac yr oedd eu holi cyson am leoliad a ffawd y *Llanashe* yn amlygu hynny. Pan hwyliodd James o Basra, yr oedd yn falch o fod mewn diogelwch cymharol confoi o longau, ond wedi'u gadael roedd mwy byth o gyfrifoldeb arno dros y llong a'i chriw. Y mae'r disgrifiadau ohono gan y rhai oedd yn ei adnabod, rhai ers blynyddoedd, yn gadarnhaol a thwymgalon. Yr oedd yn forwr gwybodus a medrus. Yr oedd yn ofalus a chydwybodol, gan sicrhau ei fod ar y fordaith hon yn cymryd cwrs y gobeithiai fyddai'n cadw'r *Llanashe* a'i chriw yn ddiogel.

Drwy hanesion manwl y goroeswyr, gellir crynhoi gyda sicrwydd weithredoedd James yn ystod ei oriau olaf. Pan darawyd y *Llanashe* gan dorpido'r *U-182*, o fewn eiliadau iddo ddeffro roedd rhaid i James ymateb yn sydyn a chyfrifol. Mae'n debyg ei fod wedi sylweddoli'n syth beth oedd wedi digwydd. Ymddangosodd ar bont y *Llanashe* a siarad gyda Fowler. Rhoddodd y gorchymyn i adael y llong. Pan welodd Kelly, yr oedd James yn ddigynnwrf fel arfer. Dywedodd wrth Kelly nad oedd am fynd ar y bad achub, gan roi papurau'r llong iddo. Dychwelodd i'w gaban, ac ni welwyd ef wedyn. Ai ei garcharu yn ei gaban, yntau dewis suddo gyda'i long a wnaeth? Nid oes modd gwybod.

Bu i'r Capten James Parry gyfarfod â'r Korvettenkapitän Asmus Nikolai Clausen ar un noson dyngedfennol, ond nid wyneb yn wyneb.

Erbyn heddiw, mae'n hysbys ble'n union y suddwyd y *Llanashe*. Mae'r fan wedi'i nodi fel – 34.00 De, 28.30 Dwyrain – Grid KZ 42 – rhyw bwynt cyfeiriad oeraidd i feddrod y Capten James Parry a'r mwyafrif o griw y *Llanashe*.

Trwy ddygnwch, ffawd a gwyrth, llwyddodd rhai o griw'r *Llanashe* i oroesi'r suddo. Bu farw rhai o'r criw yn syth, ac eraill ar ôl rhai dyddiau o fod ar rafftiau a chwch achub. Allan o bedwar cwch achub, un yn unig a arbedwyd wrth adael y *Llanashe*. Nid yw'n bosibl dechrau amgyffred yr uffern a ddaeth i ran y goroeswyr. Yng ngwacter eang y cefnor, pan oeddent yn oer a diffrwyth, pa feddyliau ddeuai iddynt trwy'r cyfnodau o ddryswch ac anobaith? Byddai meddwl am eu hanwyliaid gartref yn lleihau'r artaith, ond ar yr un pryd yn dwysáu'r ofn na fyddent yn eu gweld eto.

Hyd y gwyddom, naw yn unig oroesodd suddo'r *Llanashe*. Nid oes cofnod o hanes rhai. Teg yw dweud bod peth anghysondeb yn yr adroddiadau a ddaeth i law gan rai ohonynt ynglŷn â sut yr achubwyd rhai o'r criw. Nid yw hynny'n fawr o syndod o ystyried treigl amser, a hefyd erchylltra eu profiadau, a'r effaith gorfforol a meddyliol arnynt. Mae'n eithaf sicr bod tystiolaeth Lloyd yn gywir, ac mai dim ond ef a Hodder a achubwyd oddi ar rafft gan y *Tarakan*. Mae hynny'n wir hefyd am adroddiad Fowler o fod ar rafft cyn cael ei godi i fad achub gyda thua wyth arall arno, ac yna eu hachub gan long ar y deuddegfed diwrnod. Mae'n anoddach dehongli adroddiad Davies yn y papur lleol. Mae awgrym ei fod ef ac eraill wedi cael eu codi i long oddi ar rafft. A oedd Davies ar yr un bad achub ac ar yr un llong â Fowler? Manylion yw'r rhain. Mewn gwirionedd mae'n ryfeddol fod holl adroddiadau'r goroeswyr yn weddol gyson.

Cafodd rhai o'r criw, fel Lloyd, Fowler, Davies a Kelly, fyw i adrodd eu hanes, er mor anodd oedd hynny. Fel James gynt, yr oedd y môr yn eu gwaed, a dychwelyd i'r Llynges Fasnach a wnaethant. Dringodd Lloyd a Fowler y rhengoedd, nes iddynt hwythau hefyd fod yn gapteiniaid ar eu llongau.

Tuag at ddiwedd y Rhyfel

PARHAU'N DDIDOSTUR WNAETH yr Ail Ryfel Byd, ac nid oedd dianc rhagddo hyd yn oed ym mhen draw Llŷn. Fel mewn llawer i gymuned arall, roedd teuluoedd mewn galar o golli'u hanwyliaid, a llawer yn pryderu beth fyddai eu tynged hwythau yn y cyfnod i ddod. Roedd bywyd yn anodd i bawb a dweud y lleiaf. Nid oedd gobeithion y Capten James Parry ar ddechrau ei fordaith olaf fod pethau'n gwella wedi eu gwireddu.

Dyrys oedd hi i Mary a Margery fyw o ddydd i ddydd yn y tŷ newydd, ble roeddent wedi edrych ymlaen at fyw eu bywydau gyda James. Er prysured y tŷ, yr oedd gwacter mawr hefyd. Breuddwyd James oedd adeiladu'r tŷ, ac i'r teulu fyw mewn tŷ o'u heiddo eu hunain. Mae'n debyg y byddai Mary a Margery yn cael eu tynnu tuag at lythyrau olaf James. Bellach ni fyddai yn dod adref 'cyn bo hir iawn'. Ni fyddai'n gallu 'dwad adra am sbell'. Ni fyddai'n gweld y gwanwyn ym Mhen Llŷn na'r 'Xmas' yn 1943 yr oedd wedi gobeithio amdanynt.

Dal yn ffyddlon gyda'i lythyrau roed Bobbie, cefnder Margery. Nid yn unig yr oedd sensoriaeth ar lythyrau ond hefyd yr oedd prinder cardiau a phapur i yrru negeseuon arnynt. Yn ystod cyfnod ar ddechrau'r flwyddyn 1944, gyrrodd Bobbie bedair neges trwy airgraph. I hwyluso hyn yr oedd llythyr yn cael ei ysgrifennu ar ffurflen airgraph, ac yna llun ohoni yn cael ei dynnu. Yr oedd y llun yn cael ei yrru fel negatif ar rolyn o ficroffilm. Ar ben ei daith yr oedd y negatif yn cael ei brintio ar bapur ffotograffig cyn cael ei gludo trwy Wasaneth Post y Fyddin (Army Postal Service). Yr oedd y Swyddfa Bost Gyffredinol yn nodi ar y pryd fod 1,600 o lythyrau ar ffilm yn pwyso pum owns yn unig, ble byddai 1,600 o lythyrau cyffredin yn pwyso hanner can pwys! Yr oedd hyn felly yn lleihau maint a phwysau'r post a gludid mewn awyrennau. Dyfais ydoedd a ddatblygwyd gan gwmni Eastman Kodak ynghyd ag Imperial Airways a Pan-American Airways yn 1930. Yn ystod y rhyfel, nid oedd dogn ar airgraph, a thair ceiniog yn unig oedd y gost. Un anfantais oedd bod y llythyr terfynol yn fychan iawn, ac yr oedd diffyg preifatrwydd. Dim rhyfedd felly mai llythyrau byr oedd rhai Bobbie, gydag ychydig o wybodaeth. Mae'n ymddangos mai ar long yng Nghefnfor India yr oedd ar y pryd, yn disgwyl i fynd ar long danfor. Mae hanes yn awgrymu nad y *Proteus* fyddai hon, ond llong danfor arall.

Pan ddaeth llythyr arall gan Bobbie yn Nhachwedd 1944, yr oedd yn rhywle ar y môr yng nghyffiniau Awstralia, ac ar ôl misoedd o ddiflastod, gallai fwynhau ei hun o'r diwedd. Ar y lan yr oedd wedi cyfarfod gyda Chymry, a hyd yn oed wedi bod mewn capel Cymraeg. Ar ben hynny, yr oedd wedi cyfarfod â'i dad am y tro cyntaf ers misoedd. Yr oedd ei dad wedi cyrraedd porthladd cyfagos, a Bobbie wedi cael caniatâd i gael wythnos o seibiant. Am unwaith yr oedd yn cael aros mewn gwesty braf. Yr oedd pawb yn dechrau sirioli o ddeall efallai y byddai'r rhyfel yn Ewrop drosodd cyn bo hir. Fel pob tro, yr oedd rhannau doniol yn ei lythyr. Yr oedd wedi deall bod Margery wedi cael beic. Awgrymodd y dylai roi ychydig o gerrig yn y fasged fel balast ac y dylai gael seicar ar y beic, fel y gallai ddanfon Brian a Kathie i'r ysgol ac adref wedyn! Dau faciwî a oedd wedi cyrraedd Tywyn rai misoedd ynghynt oedd Brian a Kathie.

Tra roedd yr *airmen* yn dal i aros yn Nhywyn, daeth gorchymyn lletya i faciwîs i aros yno hefyd. Cyrhaeddodd y brawd a'r chwaer, Brian a Kathleen (Kathie) Cordner o Orpington, Llundain, ym mis Mehefin 1944. Pump oed oedd Brian, a Kathie yn bedair oed. Yn ddiamau, yr oedd yn sefyllfa anodd i bawb. Er bod Mary a Margery yn dal mewn galar, rhoddwyd lletŷ i'r *airmen*, ac erbyn hyn roeddent yn gofalu am ddau blentyn uniaith Saesneg o gefndir a chymuned hollol wahanol. Daw llawer o hanes Brian a Kathie o'r nifer o lythyrau a anfonwyd atynt gan eu mam Winifred dros y misoedd a ddilynodd. Gyrrai Winifred lythyr o leiaf unwaith yr wythnos.

Yr ymosodiadau cyson o'r awyr gan yr Almaenwyr, wrth gwrs, oedd yn gyfrifol am symud plant o ddinasoedd mawr i ardaloedd mwy diogel dros dro, fel arfer yng nghefn gwlad. Symudwyd y garfan gyntaf ar 1 Medi 1939. Yr oedd cyfnodau mwy diogel, yn caniatáu i'r plant ddychwelyd i'w cartrefi. Ond erbyn Mehefin 1944, yr oedd yr Almaenwyr yn defnyddio arfau newydd gan gynnwys rocedi V1, ac yn nes ymlaen V2. Yn ystod y cyfnod hwn, bu i filiwn o blant, yr henoed a phobl anabl, ymadael â Llundain.

Ac felly y bu i Brian a Kathie adael Llundain ar drên gydag un cês yr un yn eu llaw. Yn ogystal â'u mwgwd nwy a cherdyn adnabod, yr oedd y llywodraeth yn awgrymu pacio'r canlynol:

Hogiau:
- 2 grys isaf
- 2 bâr o sanau
- pâr o drowsus
- 6 hances boced
- 2 drôns
- jersi

Genethod:
- fest
- 2 bâr o sanau
- blows
- pâr o nicers
- 6 hances boced
- cardigan
- pais
- slip

Yn ogystal:
- côt
- tywel
- brwsh dannedd
- paced o gnau a resins
- afal
- crib
- sebon
- esgidiau cynfas
- bisgedi sych
- pâr o esgidiau glaw
- cadach gwyneb
- brechdanau
- siwgwr barlys

Cyrhaeddodd Brian a Kathie orsaf drên Pwllheli gyda'r faciwîs eraill, yn bur ofnus, blinedig ac ansicr, mae'n siŵr. Ni wyddent a fyddai raid iddynt fynd i gartrefi gwahanol, na gyda phwy y byddent yn lletya.

Fel arfer byddai'r faciwîs yn cael eu cludo i neuadd bentref i gyfarfod â'r swyddog biledu. Y swyddog hwn oedd yn gyfrifol am sicrhau llety i'r faciwîs, ac i roi arian i ddeiliaid y cartrefi hynny. Wedi i bawb gyrraedd y neuadd, byddai sesiwn o deuluoedd lleol yn bargeinio am y plant. Roedd sôn y byddai'r rhai mwyaf taclus yn cael eu dewis gyntaf, a'r rhai mwy pyglyd a gwanllyd yn olaf.

Nid yw'n wybyddus sut y daeth Brian a Kathie i ofal Mary a Margery, ond Tywyn fyddai eu cartref am y flwyddyn nesaf. Derbyniodd Mary dâl biledu o ddwy bunt a deg swllt yr wythnos am ofalu am y ddau.

Gyrrodd Winifred ei llythyr cyntaf at Mary a Margery ar 20 Gorffennaf 1944. Fel ym mhob llythyr a ddilynodd, yr oedd yn hynod o ddiolchgar i'r ddwy am roi gofal i'w phlant, ac fel unrhyw fam, yn bryderus ac yn awyddus iddynt gael pob sylw. Hwn oedd y tro cyntaf erioed i'r plant weld traeth – yr oedd yn fyd hollol newydd iddynt. Gwnaeth Winifred bwynt o egluro bod ei gŵr wedi'i gadael bedair blynedd ynghynt ar enedigaeth Kathie, gan awgrymu mai gwell fyddai peidio sôn amdano o flaen y plant. Yr oedd pob ymgais wedi'i gwneud i guddio pam yn union y bu raid i Brian a Kathie

Y faciwîs – Kathie a Brian gyda Margery a Mary yn Nhywyn.

ymadael a rhoddwyd yr argraff mai gwyliau hir oedd hwn iddynt oddi cartref.

Yn ôl yn Llundain yr oedd Winifred yn beicio i'w gwaith bob dydd. Yr oedd yn gweithio oriau maith mewn ffatri offer rhyfel. Nid yn unig yr oedd ei phlant wedi gadael, ond yr oedd ei mam hefyd mewn llety yn Swydd Efrog.

Blwyddyn wahanol a chymysglyd oedd 1944 i Mary a Margery. Yr oedd rhai o'r *airmen* fu'n aros yn Nhywyn yn cadw cysylltiad trwy lythyrau. Daeth neges airgraph gan Fred o India yn Ionawr 1944, gyrrodd Allan lythyr o Ffrainc ym mis Gorffennaf, a Walter o ynysoedd yr Orkney ym mis Rhagfyr. Negeseuon o gydymdeimlad a chyfarchion oeddent, gan egluro a disgrifio ym mhle roeddent ar y pryd. Gydag amser, prinhau wnaeth y negeseuon, ac yn y diwedd collwyd cysylltiad gyda'r *airmen*.

Cyn y Nadolig 1944, derbyniodd Mary a Margery lythyr gan Sal, gwraig Samuel Lloyd. Yn ddiweddar yr oedd wedi rhoi genedigaeth i'w thrydydd plentyn, Edryd. Yr oedd ei gŵr wedi bod mewn ysbyty am fis yn gynharach yn y flwyddyn, ond erbyn hyn yn well. Yn wir, yr oedd wedi cael ei wneud yn gapten gan Evan Thomas Radciffe & Co., ac wedi hwylio allan ar yr S.S. *Flimston*.

Cadwodd y ddau deulu mewn cysylltiad am flynyddoedd wedyn. Dilynodd Samuel Lloyd yrfa lwyddiannus gyda'r Llynges Fasnach. Yr oedd yn dal i weithio pan fu farw'n sydyn yn 1965, ac yntau'n 59 oed.

Nadolig digon rhyfedd oedd hi yn Aberdaron yn 1944. Dyma'r ail Nadolig ers colli James Parry. Aros yn Nhywyn wnaeth Brian a Kathie, a byddai Mary a Margery wedi gwneud eu gorau i sicrhau eu bod yn cael yr amser hapusaf posibl dan yr amgylchiadau. Yn wir, yr oedd Winifred hefyd wedi cael gwahoddiad i Aberdaron dros y Nadolig, ond ni allodd dderbyn y cynnig. Serch hynny, mae'n ymddangos iddi aros yn Nhywyn ryw dro yn ystod y misoedd a ddilynodd. Mawr oedd ei gofid o adael ei phlant pan ddychwelodd i Lundain.

Yr oedd Brian a Kathie yn ymgartrefu'n dda yn Aberdaron. Yr oeddent yn mynd i ysgol Deunant, ac yn mynd i gapel Deunant ac i'r Band of Hope. Yr oeddent wedi cyfarfod y gweinidog newydd, gŵr a fyddai'n rhan annatod o fywyd Margery yn y dyfodol. Mewn ardal fel Pen Llŷn, nid oedd yn rhyfedd eu bod mewn amser wedi dod yn rhugl yn y Gymraeg.

Mae'n debyg bod effeithiau'r rhyfel yn rhannol gyfrifol am y rhwyg yn nheulu Winifred. Mewn llythyr ym mis Chwefror 1944, mae'n mynegi ei siomedigaeth yn ei gŵr. Ac yntau yn y Lluoedd Arfog, yr oedd Winifred dan yr argraff ei fod yn ddioddefwr yn y rhyfel, a'i fod ar goll er amser maith. Ond yr oedd newydd ganfod ei fod mewn lle diogel ar hyd y daith. Yr oedd Winifred yn awyddus i gael ysgariad.

Gyda diwedd y rhyfel disgwylid i'r faciwîs ddychwelyd at eu teuluoedd o 18 Mehefin 1945 ymlaen. Aros yn eu cartrefi mabwysiedig wnaeth rhai tan y flwyddyn ganlynol, ac yn wir ni ddychwelodd ambell un i'w cartrefi gwreiddiol o gwbl. Rhyw awgrym yn unig a geir o'r hyn ddigwyddodd i Brian a Kathie yn y cyfnod hwn, ac ni ddaeth y gwirionedd i'r amlwg am flynyddoedd lawer wedyn. Pan ddaeth yr amser i rieni wneud cais i gael eu plant yn ôl, methodd mam Brian a Kathie wneud hynny am fis cyfan. Yn y diwedd, gofynnodd ar ei ben a fuasai Kathie yn cael aros ymlaen i fyw yn Nhywyn. Creodd hyn benbleth ddirdynnol. Yr oedd yn boen calon i Mary benderfynu peidio â chytuno i hyn. Doedd y sefyllfa ddim yn ddelfrydol i Mary, a hithau'n wraig weddw ers yn ddiweddar. Dychwelyd at eu mam wnaeth Brian a Kathie. Gyrrodd Winifred un llythyr at Mary a Margery yn fuan ar ôl i'w phlant ddychwelyd ati, unwaith eto'n diolch am y gofal a gawsant. Gydag amser, collwyd cysylltiad.

Tynged yr U-boats

Er i ymosodiadau cnud y bleiddiaid gan yr U-boats barhau'n llwyddiannus ym Môr Iwerydd ar ddechrau 1943, yr oedd y llanw'n dechrau troi. Dechreuodd y Cynhreiriaid ar ymosodiadau bomio anferth ar ganolfannau'r U-boats, ac ar yr iardiau ble roeddent yn cael eu hadeiladu. Yr oedd systemau radio'r Cynghreiriaid yn gwella. Yr oedd llawer mwy o osgorddion ar gael ym Môr Iwerydd. Yn allweddol, achubwyd peiriant Enigma oddi ar U-boat gan ddwylo Prydeinig, ynghyd â chopi diweddaraf o'r codau. Yr oedd Prydain yn awr yn gallu codi'r holl negeseuon rhwng Dönitz a'i U-boats. Trwy'r datblygiad yma, ac arfau a dyfeisiadau gwell, roedd y Cynghreiriaid yn dechrau cael y llaw uchaf. Er bod tua 450 o longau, sef tua 2,395,000 tunnell, wedi'u suddo, collwyd 245 U-boat yn 1943. Ar 24 Mai 1943, tynnodd Dönitz ei U-boats allan o ogledd Môr Iwerydd.

Tuag at ddiwedd y rhyfel, datblygwyd ac adeiladwyd nifer o longau tanfor mwy addas ac effeithiol, gan gynnwys y Teip XXI, ond yr oedd yn rhy hwyr erbyn hynny i gael unrhyw ddylanwad o bwys.

Gydag ymosodiad y Cynghreiriaid yn Normandi ym Mehefin 1944, daeth diwedd ar y canolfannau U-boats yn Ffrainc. Tynnwyd yn ôl yr holl U-boats i ganolfannau yn Norwy. Yn 1944, am y tro cyntaf, yr oedd yr Almaen yn colli mwy o U-boats nag oeddent yn eu hadeiladu. 131 o longau'r Cynghreiriaid a gollwyd, sef tua 701,900 tunnell. Bu Bae Biscae yn feddrod i nifer mawr o U-boats. Ni fu'r U-boats yn fygythiad o bwys i'r glaniadau ar arfordiroedd Ffrainc ym Mehefin 1944, nac i'r atgyfnerthiadau milwrol ar ôl hynny.

Yn 1945, hyd at ddiwedd yr Ail Ryfel Byd, 71 o longau'r Cynghreiriaid a suddwyd – tua 332,600 tunnell. Suddwyd bron i bedwar can U-boat.

Tros gyfnod y rhyfel suddwyd dros 2,800 o longau'r gelyn gan U-boats, sydd tua 14 miliwn tunnell. O 35,000 o aelodau criwiau'r U-boats, collodd 80% ohonynt eu bywydau. Rhwng Mehefin 1935 a Mai 1945 comisiynwyd dros 1,100 o U-boats. Aeth 920 ar batrôl rhyfel, a suddwyd tua 800 ohonynt.

Os oedd un arf rhyfel wedi dod yn agos i ennill yr Ail Ryfel Byd i'r Almaen, yr U-boat oedd hwnnw. Cyfaddefodd Winston Churchill ei hun mai bygythiad yr U-boats oedd yr unig beth y pryderai a fyddai'n arwain at Brydain golli'r rhyfel. Yr oedd yr holl dechnoleg, hyfforddiant, tactegau a llwyddiannau mewn rhyfela yn rhoi'r Almaen yn bell ar y blaen i'w gelynion. Daeth bygythiad yr U-boat i ben yn y diwedd yn bennaf oherwydd llwyddiant Prydain yn dod o hyd i ddyfais codio'r Almaen, y Schlusselmaschine, neu'r Enigma. Trwy ail-greu'r ddyfais, llwyddodd cryptolegwyr Prydain i ddatrys codau cudd yr Almaenwyr a golygai hynny y gallai Prydain newid llwybrau eu confois i osgoi'r U-boats gan roi mwy o amser i ddatblygu dyfeisiadau newydd i wrthymosod ar y gelyn. Rhyfedd felly i U-boats yr Almaen fod mor llwyddiannus bron hyd at ddiwedd yr Ail Ryfel Byd. Dros y cyfnod bu i'r rhan fwyaf o gomanderiaid yr U-boats ymddwyn yn addas o dan amodau rhyfel ac yn ddim gwaeth na rhai o swyddogion llongau tanfor y Cynghreiriaid.

Epilog

DAETH YR AIL Ryfel Byd i ben yn Ewrop ar 8 Mai 1945, a mawr oedd y gorfoleddu. Roedd y llawenydd i'w deimlo ym Mhen Llŷn hefyd. Byddai Mary a Margery yr un mor hapus ar ôl cyfnod hir o bryder, ofn a thor calon ond yn ddiamau, fe fyddai ryw gysgod o dristwch hefyd wrth wynebu'r dyfodol.

Yr oedd yr *airmen* wedi mynd, a gyda hwy pob arwydd o'r Lluoedd Arfog, ar wahân i'r adeiladau y buont yn gweithio ynddynt.

Yn y post, mewn bocs bach ddim mwy na thair modfedd wrth ddwy, derbyniodd Mary dair medal er cof am James gan y Gweinidog Trafnidiaeth.

Rhoddwyd y '1939-1945 War Medal' am y tro cyntaf ar 16 Awst 1945 i'r rhai o'r lluoedd arfog a'r Llynges Fasnach a roddodd wasanaeth am o leiaf 28 diwrnod yn ystod yr Ail Ryfel Byd.

Rhoddwyd y fedal '1939-1945 Star' i'r rhai yn y Llynges Fasnach oedd wedi rhoi o leiaf 180 diwrnod o wasanaeth, gan gynnwys un cyfnod mewn parth gweithredol. Erbyn Mawrth 1944, yr oedd 1,600,000 o'r fedal hon wedi'u cyflwyno.

Yr oedd yr 'Atlantic Star' yn cael ei rhoi am wasanaeth o o leiaf chwe mis yn y Llynges Fasnach rhwng 3 Medi 1939 a 8 Mai 1945, gan gynnwys cyfnod ym môr De Iwerydd a gwasanaethu mewn confois i ogledd Rwsia. Yr oedd yn cael ei rhoi hefyd i aelodau o'r Awyrlu Brenhinol. Medal oedd hon i'r rhai hynny roedd eu gwasanaeth wedi dod i ben trwy farwolaeth, anabledd neu anaf.

Medalau James – yr Atlantic Star, 1939-45 War Medal a'r 1939-45 Star.

Rhoddwyd cofeb ar wal capel Deunant er cof am y Capten James Parry ynghyd â chapten arall o Aberdaron a gollodd ei fywyd yn ystod y rhyfel, Owen Griffith Williams, Pendref. Mae'r gerdd fach ganlynol arni, yn hynod o addas, gan awdur dienw:

Ychydig orffwys cyn y wawr,
Ychydig lwydwyll dros y llygaid cudd,
Ac yna geilw'r utgorn mingorn mawr –
Mae'n ddydd.

Y mae enw James Parry hefyd ar golofn goffa yn Eglwys Sant Hywyn, Aberdaron, ynghyd ag eraill o'r ardal a gollodd eu bywydau yn ystod yr Ail Ryfel Byd.

O edrych i lawr o allt Pensarn pan oedd yn blentyn, ychydig feddyliai James y byddai ei enw ar golofn goffa yn y fan hon o fewn hanner can mlynedd.

Yn Tower Hill, Llundain, ger Trinity Square Gardens, saif y Tower Hill Memorial, er cof am y morwyr yn y Llynges Fasnach a'r Fflyd Bysgota, a gollwyd ar y môr yn ystod y ddau Ryfel Byd. Codwyd y rhan gyntaf ar ddiwedd y Rhyfel Byd Cyntaf, a'i dadorchuddio yn 1928, er cof am y 17,000 o forwyr a gollodd eu bywydau. Ychwanegwyd enwau'r rhai a gollwyd yn yr Ail Ryfel Byd yn ddiweddarach. Cynlluniwyd y rhan newydd mewn gardd hanner cylch wedi'i suddo ryw bum troedfedd yn is na gweddill y safle. Trwy hyn roedd digon o le ar y waliau a godwyd i gofnodi'r holl enwau, fel nad oedd y waliau'n rhy uchel. O'r gofeb i'r rhai a gollwyd rhwng 1914 ac 1918, mae grisiau carreg yn arwain i lawr i'r ardd suddedig, gyda meini cerrig tal pob ochr. Ar y rhain mae bathodynnau a thorchau y Llynges Fasnach. Mae'r arysgrif yn darllen:

1939 – 1945
THE TWENTY-FOUR THOUSAND OF THE MERCHANT NAVY
AND FISHING FLEETS WHOSE NAMES ARE HONOURED ON THE WALLS
OF THIS GARDEN GAVE THEIR LIVES FOR THEIR COUNTRY
AND HAVE NO GRAVE BUT THE SEA

Mae'r arysgrif yn cael ei gwarchod gan ffigyrau cerfluniedig mewn carreg yn cynrychioli swyddog a morwr o'r Llynges Fasnach. Mae wyneb mewnol y wal hanner cylch wedi'i amwisgo mewn efydd, ac yn rhestru enwau'r rhai a gollwyd. Ceir eu henwau o dan enwau'r llongau yr oeddent arnynt. Mae enwau llongau'r Llynges Fasnach yn nhrefn yr wyddor ar baneli 1 i 121. Mae panel 122 yn dangos enwau dynion Gwasanaethau y Goleudai a Pheilotiaeth. Gwelir enwau llongau'r Fflyd Bysgota ar baneli 123 i 129. Ar banel 65 mae enw'r *Llanashe* wedi'i

Y Tower Hill Memorial. Gwelir dau ffigwr yn gwarchod yr ardd suddedig ble mae paneli'n rhestru enwau'r rhai a gollwyd rhwng 1939 a 1945. Mae lluman coch y Llynges Fasnach yn nodi'r fan.

Panel 65 yn nodi enwau'r rhai a gollwyd ar y *Llanashe*. Gwelir enw Capten James Parry a rhai o'r criw.

ER SERCHOG GOF AM
CAPT. JAMES PARRY, TYWYN,
A
CAPT. OWEN GRIFFITH WILLIAMS, PENDREF,
A GOLLWYD AR Y MÔR YN YSTOD Y RHYFEL 1939-45.

"YCHYDIG ORFFWYS CYN Y WAWR,
YCHYDIG LWYDWYLL DROS Y LLYGAID CUDD,
AC YNA GEILW'R UTGORN MINGORN MAWR —
MAE'N DDYDD."

Y gofeb yng nghapel Deunant.

Y Gofgolofn yn Eglwys Sant Hywyn.

gerfio, gydag enwau'r 23 a gollodd eu bywydau arni. Yma y mae enw'r Capten James Parry.

Bu farw naw arall yn dilyn suddo'r *Llanashe*. Mae enwau Hubley a Rogers ar gofgolofn yn Halifax, Nova Scotia, Canada, gwlad eu mebyd. Mae enw Huntington ar gofeb y Llynges Frenhinol yn Portsmouth, fel ag y mae enw Norcross yn Plymouth. Fe gofir am Woodrow o'r Royal Artillery hefyd ym Mhrydain, mae'n debyg ar gofeb yn Hyde Park, Llundain. Er ymchwilio, nid yw'n glir pwy yn union oedd y pedwar arall a fu farw. O'r wyth – Adams, Brown, Cheesewright, Clunnis-Ross, Crowther, Simmonds, Snow a Wright – ni wyddom pa bedwar gollodd eu bywydau, a pha bedwar a fu fyw a beth fu eu hanes.

Dadorchuddiwyd y gofeb newydd yn Tower Hill yn ffurfiol ar 5 Tachwedd 1955 gan y Frenhines Elizabeth II. Cafodd Margery wahoddiad i'r gwasanaeth. Yr oedd yn wasanaeth mawreddog i barhau trwy'r dydd a'r bore wedyn ond nid aeth Margery. Yr oedd ei mam, Mary, wedi marw ers mis Mawrth 1949 yn 52 oed.

Er y tristwch a'r hiraeth a ddaeth gyda diwedd y rhyfel i Mary a Margery, yr oedd amseroedd o lawenydd hefyd. Yn ystod y cyfnod yma, symudodd gweinidog ifanc newydd i gylch Aberdaron, Glyn Jones o Ruddlan. Cafodd ei ordeinio yng nghapel Seilo, Caernarfon ar 6 Medi 1944. Yr oedd yn weinidog gyda'r Presbyteriaid, gyda gofalaeth am bedwar capel yn yr ardal, sef Deunant, Uwchmynydd, Pencaerau a Rhydlios. Buan y daeth i adnabod Margery, a phriododd y ddau ar 24 Gorffennaf 1946 yng nghapel Deunant. Rhoddodd Margery y fodrwy aur a wisgodd ei thad, ond a adawodd gartref cyn ei fordaith olaf, i Glyn fel modrwy briodas. Tywyn oedd eu cartref. Ganwyd iddynt ddau fab, Dewi a Gareth. Daeth cyfnodau tywyll o dristwch i'r teulu. Bu farw Glyn yn 1964 yn 48 oed a bu farw Dewi yn ddim ond 33 oed yn 1981.

Nid oedd yn fawr o syndod bod y cysylltiad gyda'r faciwîs wedi'i golli, o ystyried mai saith oed oedd Brian a Kathie'n chwech pan adawodd y ddau Aberdaron. Rhyfeddod felly oedd i Kathie ymddangos heb rybudd ar drothwy drws Tywyn drigain mlynedd wedyn! Tra roedd ar ei gwyliau yng ngogledd Cymru, arweiniodd cof plentyn Kathie i Aberdaron ac fe adnabyddodd yr hen felin yn y pentref. Nid oedd yr olwyn yn troi erbyn hynny, ond yr oedd rhywbeth yn dweud wrthi bod y tŷ ble roedd wedi byw ynddo yn ystod y rhyfel ychydig i fyny'r ffordd heibio'r felin. Pan welodd Tywyn yr oedd yn gwybod ei bod yn gywir. Ni wyddai a oedd Margery na'i theulu'n dal i fyw yno. Ond pan ddaeth Margery i'r drws, doedd dim rhaid cyflwyno nac egluro. Cofleidiodd Margery a Kathie fel dwy chwaer, a chollwyd ambell i ddeigryn. Rhannwyd hen hanesion. Er tristwch, daeth i'r amlwg mai plentyndod anhapus gafodd Kathie ar ôl dychwelyd i Lundain. Yn y diwedd cafodd ei hun yn ddigartref, a hithau ond yn bymtheg oed. Trwy garedigrwydd teulu ei darpar ŵr, cafodd loches gyda hwy. Priododd gyda John, a chawsant drigain mlynedd hapus gyda'i gilydd. Er tristwch, datgelodd Kathie bod ei mam am ryw reswm wedi gwrthod dweud wrthi ym mhle yr oedd wedi treulio'i hamser fel faciwî, hynny tan ychydig cyn iddi farw. Ni chyfarfu Margery a Kathie ar ôl hynny. Ond er ei bod yn byw yng Nghaint, cadwodd Kathie mewn cysylltiad hyd ddiwedd oes Margery. Bu farw Kathie yn 2017. Yr oedd Brian wedi marw ychydig cyn hynny.

Margery a Kathie yn cyfarfod eto tu allan i Tywyn – 60 mlynedd yn ddiweddarach!

Bu Bobbie, cefnder Margery, fyw trwy gydol y rhyfel. Treuliodd weddill ei yrfa ymhell o unrhyw long danfor yn gweithio yn y banc. Daeth yn reolwr banc yn Llanidloes, ble yr ymgartrefodd gyda'i wraig a'i fab, cyn treulio gweddill ei oes yng Nghricieth.

Roedd dail llawryf wedi'u cerfio ar

fodrwy briodas James Parry, ac yn yr un modd ar un o'r bathodynnau a wobrwywyd i Asmus Nikolai Clausen. Mewn hanes, mae'r llawryf yn symbol o fuddugoliaeth. I'r Rhufeiniaid roedd yn dynodi statws anfarwoldeb, neu ffyniant ac iechyd. Ond dim ond rhyw arwydd gwag oedd y llawryf ym mywydau James a Nikolai. Mewn gwirionedd ni welsant fuddugoliaeth o bwys yn ystod eu hoes. Ni roddwyd addewid iddynt o hir oes nac o iechyd. Bu iddynt chwarae rhan fach mewn drama fawr – dau gymeriad ymhlith nifer dirifedi. Meidrolion oeddent, heb ddim hawl dros dynged eu taith olaf. Serch hynny, roedd y fodrwy i James, a'r bathodyn i Nikolai, yn drysorau amhrisiadwy. Fe'u gadawyd gartref gan y ddau cyn eu mordaith olaf.

Pan fu farw ei gŵr, rhoddodd Margery y fodrwy y bu Glyn yn ei gwisgo, ac a wisgwyd gan ei thad cyn hynny, i'w mab ieuengaf. Arwydd o ymrwymiad, cariad a ffyddlondeb tuag at eraill yw modrwy. Mae'n gylch diddiwedd, heb ddechrau na therfyn. Mae'n arwydd o gylch bywyd. Cyfnodau o hapusrwydd a rhai o dristwch. Amseroedd o obeithio a rhai o anobaith. Dyna yw bywyd. Weithiau bydd trai pell ac yna benllanw. A dyna oedd hanes James. O'r dyddiau cynnar yn Aberdaron, pan roedd yn cael ei gyfareddu gan sŵn tonnau'r môr ar y traeth, daeth i brofi holl bleserau a helyntion bywyd, y drwg a'r da. Trwy'r cyfan daliodd ei afael yn dynn yn ei deulu a'i gartref. Mae'r fodrwy yn disgleirio o hyd, fel ag y mae wedi gwneud trwy'r cenedlaethau a aeth heibio, ac sydd eto i ddod. I'r rhai fydd yn dal eu gafael ynddi bydd yn drysor fydd yn dwyn i gof yr anwyliaid hynny a fyddai fel arall yn raddol ddiflannu i niwl y gorffennol pell.

Y fodrwy..

Ni anghofiodd Margery am ei thad ar hyd y blynyddoedd, na'r amseroedd gwerthfawr a rannodd gydag ef a'i mam. Tuag at ddiwedd ei bywyd roedd wedi colli'i golwg. Ond trwy dywyllwch ei dallineb yr oedd yn dal i weld ei thad. O gelloedd gorffennol pell ei synhwyrau bregus roedd yn dal i glywed ei lais. Ym mreichiau hen hen atgofion, teimlai'n ddiogel. Hunodd Madeli'n dawel ar 16 Gorffennaf 2014, yn 95 oed. Roedd y Capten ar y bwrdd.

Rhoi'r darnau yn eu lle

Roedd James Parry yn daid i mi, a Margery oedd fy mam. Hanesion yn unig oedd gennyf am James. Chefais i mo'r fraint o'i adnabod, na Mary fy nain chwaith, gan eu bod wedi marw flynyddoedd cyn fy ngeni. Roedd ambell i grair, pwt o eiriau, a lluniau yma ac acw yn fy hen gartref, Tywyn, yn Aberdaron, i'm hatgoffa ohono. Gwyddwn hefyd fod casgliadau sylweddol eraill wedi'u rhoi o'r neilltu yn yr atig. Am flynyddoedd lawer ni wnaeth neb eu cyffwrdd – bron nad oedd rhyw barchus ofn rhag gwneud hynny. Pan fu farw fy mam, daeth yn amser i ollwng gafael ar Tywyn. Dim ond trwy hyn y gwelodd y casgliadau olau dydd o'r diwedd. Yr hyn a'm tarodd fwyaf oedd yr holl lythyrau oedd wedi cael eu cadw mewn pecynnau bach taclus. Roedd nifer helaeth ohonynt wedi'u hysgrifennu gan James i'w deulu dros gyfnod ei holl yrfa yn y Llynges Fasnach. Yn ogystal roedd dogfennau yn gysylltiedig â'i siwrneiau yn y Llynges. O ddarllen ac ymbalfalu trwy'r rhain, daeth taith bywyd fy nhaid yn gliriach i mi, taith yn aml trwy gyfnodau dyrys iawn. Dyna wnaeth fy ysbrydoli i geisio rhoi'r holl hanes i lawr ar bapur. Teimlais fod hyn bron yn fater o raid, neu buasai'n hawdd i'r cyfan ddiflannu am byth gyda threigl amser. Mae cymaint o hanesion cyffelyb yn bodoli. Mae'n bwysig trysori pob un ac ni ddylid anghofio'r aberth a roddwyd gan y rhai a brofodd erchylltra y ddau Ryfel Byd, boed hynny adref neu ym mhellafoedd byd. Roedd hi'n amser rhoi'r darnau yn eu lle.

Synnais gymaint o wybodaeth oedd ar gael i roi cefndir i'r stori. Yn ogystal â'r hyn oedd wrth law ond heb ei ddatguddio am gymaint o amser, roedd cyfoeth o wybodaeth am fy hynafiaid wedi'i groniclo'n drwyadl gan y diweddar John Parry Jones, cefnder fy mam. Rhoddwyd ei holl gyfrolau i archifau Cymdeithas Hanes Teuluoedd Gwynedd. Cefais fwy o wybodaeth am ardal fy mebyd, Aberdaron, o sawl ffynhonnell, llawer ohonynt yn bobl leol. Roeddwn yn wir ddiolchgar am hyn.

Trwy ymchwil daeth ambell i stori fach annisgwyl i'r amlwg. Er mai digwyddiad digon di-nod ar yr wyneb oedd bywyd byr John, mab James a Mary ganrif ynghynt, roedd rhyw falchder o ddod i wybod am ei fodolaeth, ac i sicrhau na ddiflannodd ei hanes am byth. Wrth dynnu'r hanes at ei gilydd, siawns na ddangosais yr un parch i'r rhai eraill nad ydynt gyda ni bellach. Gobeithio bod yna nefoedd, fel bod y rhain yn gwybod fy mod wedi rhoi munud i feddwl amdanynt.

Mae'r manylion lleiaf am longau'r Llynges Fasnach ar hyd y blynyddoedd ar y we. Yn hyn o beth roeddwn yn ddyledus i Dan Hancock o'r Unol Daleithiau am lawer o'r wybodaeth amdanynt, yn ogystal ag am yr U-boats Almaenig. Ffynhonnell arall o bwys oedd y wefan neilltuol am U-boats, wedi'i chreu gan Gudmundur Helgason o Wlad yr Iâ. Cefais wybodaeth ychwanegol am Nikolai a'i deulu o ffynhonnell annisgwyl – y German U-boat Museum yn yr Almaen, trwy un o'r staff yno, Kai Steenbuck.

Yn rhyfeddol, mae diddordeb mawr mewn casglu bathodynnau a medalau Natsïaidd. Deallais fod Bathodyn Rhyfel yr U-boat 1939 ym meddiant Alan Clayton, ym Mhrydain. Roedd yn hapus i mi ddefnyddio lluniau ohoni yn y gyfrol hon. Bellach, mae'r fedal honno wedi cael ei gwerthu ymlaen eto.

Cefais fy nghyffwrdd o ddeall bod merch wedi ei geni i Nikolai a Hella Clausen, a hynny ar ôl marwolaeth ei thad. Am rai blynyddoedd roeddwn yn awyddus i wybod mwy am Ine, a thrwy hynny cael mwy o gefndir i'r hyn a ddigwyddodd iddi hi a'i theulu ar ôl y rhyfel. Cyn ceisio cysylltu, bûm yn pendroni ai peth doeth fyddai hynny, ac a fyddai hi eisiau cysylltu gyda mi o gwbl? Byddai hynny'n ddealladwy. Ond trwy ryw ryfedd wyrth, yn gwbl annisgwyl a chyn i mi wneud unrhyw gysylltiad uniongyrchol, derbyniais neges electronig gan Ine Wenckebach yn Ionawr 2022! Roedd Dan Hancock wedi gallu cysylltu gyda hi, ac wedi crybwyll fy niddordeb yn ei hanes.

Mae Ine bellach bron yn 80 oed, ac yn wraig fusnes lwyddiannus yn Berlin. Trwy gyd-ddigwyddiad, mae hithau wedi bod yn ymchwilio i hanes ei thad ac wedi ysgrifennu bywgraffiad amdano. Rwy'n ddyledus iawn iddi am yrru lluniau'n gysylltiedig â'i thad ataf a rhoi caniatâd i mi eu defnyddio yn y gyfrol hon. Mae ambell i lun o briodas ei rhieni ar gael ar y we, ond gofynnodd i mi beidio â defnyddio'r rhain. Roeddwn yn hapus i barchu ei dymuniad.

Dros amser, trwy ddilyn hanesion manwl am fywyd byr Nikolai, ceisiais ddod i'w adnabod. Beth oedd yn ei yrru? Beth oedd ei gredoau a'i feddylfryd? Sut ydoedd yn edrych ar ei gyd-ddyn? Sut y mae hanes yn edrych arno? Pawb a'i farn! Fe hoffwn petawn wedi dod i ddeall ei rinweddau a'i ffaeleddau yn well. Yn y dyfodol, efallai y daw atebion i'r cwestiynnau hyn gan Ine.

Mae Bernard Edwards wedi ysgrifennu yn helaeth am longau'r Llynges Fasnach, ac yn *They Sank the Red Dragon* mae'n cofnodi'n fanwl y noson y boddwyd y *Llanashe* gan yr *U-182*. Cadarnhaodd hyn yr adroddiadau uniongyrchol yn llythyrau'r goroeswyr i Mary a Margery.

Diolch i'r bobl hyn i gyd, ac eraill, am eu cymorth i mi gael cwblhau y gwaith.

A'r hwiangerddi? Ym mhob gwlad a hil, yng Nghymru ac yn yr Almaen, mae mamau drwy'r oesoedd wedi cysuro'u plant trwy ganu hwiangerddi, pan fo'r rhai a'u carai ymhell i ffwrdd, neu ddim. Mae hiraeth, am y byw ac am y meirw, yr un fath, i bob mam a'i phlentyn, yn ystod rhyfel neu heddwch. Mae agweddau o'r gyfrol yma'n ymwneud â gadael cartref i ddyfodol ansicr, a'r anwyliaid oedd ar ôl oedd angen eu cysuro.

Atodiadau

Llythyrau'r goroeswyr

Y N DILYN SUDDO'R *Llanashe*, roedd Mary a Margery yn awyddus i wybod beth yn union a ddigwyddodd ar y noson dyngedfennol honno. Buont yn llythyru gyda chwmni Evan Thomas Radcliffe & Co., ond y llythyrau a ddaeth gan y goroeswyr a daflodd y goleuni mwyaf ar y noson honno. Dyma drawsgrifiadau o rannau o'r llythyrau hyn, mewn trefn gronolegol.

Llythyr Samuel Lloyd (Is-gapten) – 26 Ebrill 1943

I take the pleasure of writing to you on this painful and sad occasion hoping you are both well in health and recovering from your grief and sorrow. I arrived home Saturday night, quite unexpected to everybody, but I'm not half well after my ordeal. Well, I will try and give you some details of the disaster as far as they are known to me. We were torpedoed on the morning of the 17th February at 3am, pitch dark and very bad weather. I was speaking to Capt. Parry about midnight after which both of us went to bed. I'm sorry to say I did not see him after the explosion, because, as you know, we had to attend to our respective lifeboats. I knew to get the boats away would be almost impossible. I went down the ladder myself into the boat I thought but I fell into the water and I didn't see anybody after that until I was picked up about an hour later on to a raft, where I spent the next 13 days and nights. I was told by the late Mr. Harries (Chief

Engineer) that he spoke to Capt. Parry on deck as they were lowering the boat but did not see him after that. As you probably know the two lifeboats were smashed up by the heavy seas otherwise I think all hands would have been saved. It is my opinion that Capt. Parry went down with his ship, the only other possibility is, but rather remote, that he was picked up by the submarine. I can tell you Mrs. Parry that a man of his character, coolness and devotion to duty was not afraid to die and I think I knew him well after the years we spent together.

We intend coming up one Sunday later on Mrs. Parry after I get better and if we can manage to get a car. Anyhow we shall inform you in good time. Excuse my scrawl, my right hand is half paralysed. Accept my heartfelt sympathy in your grievous loss, hoping you will have the strength to bear the storm. Hope to hear from you again.

Llythyr Samuel Lloyd – 8 Mai 1943

Don't be afraid to ask me any questions. I will give you all the information that I know. The U-boat was a German and she surfaced and I was speaking to the commander myself. The only information I had regarding survivors was that 13 were accounted for, that's including myself. Mr. Jones the 2nd Engineer I'm afraid is lost too. I can quite understand that you want to know every little detail and you have a perfect right to know. It was the 17th of Feb. we were torpedoed, about 150 miles from Port Elizabeth. I will be able to give you more information when I see you. I had a letter from the Office this week. They want to see me there as soon as I'm able to travel. I expect you know Capt. Burgess is gone and Mr. Dyer (C. Eng.). He was with us on one voyage, also Capt. George Evans. I dare say you have heard of them if you haven't met them. I'm afraid I will have to stay home for a while now, so the doctor says anyway. I will apply for petrol to come up. I think I will get it. I prefer to travel by road somehow, especially this time of year.

Llythyr Gwyn Fowler (3ydd Swyddog) – 6 Gorffennaf 1943

First of all I must introduce myself. I have served with Capt. Parry from the time he took command of the Llanashe until we got torpedoed off South Africa in the capacity of 3rd Mate.

I have received three letters from Mr. Lloyd the Chief Officer and he told me that he had paid you a visit and that you wanted to know had anybody seen Capt. Parry. I never seen anybody myself. I was in the water for a day before I got picked up myself and I was in Hospital at Durban for two months and again at Liverpool for a month. I never had a day's good health since. I just arrived home last Friday.

I only wish I could give you any information. The whole thing is a blank to me. If you have a snap of Capt. Parry to spare I should be very grateful. I feel very sorry for you in your great sorrow.

Llythyr Gwyn Fowler – 21 Gorffennaf 1943

Just a line in reply to your welcome letter. I am sorry I didn't reply sooner but I have been out of sorts and I still don't feel too good. Please don't think you are pestering me as I understand how you feel. I am sorry I don't know Kelly's address but you will be able to get that from Radcliffe as he was an apprentice. I saw that the boat was unable to get get away so I had to jump in and I was drawn down with the ship. I saw Mr Lloyd fall in the water. When I got to the surface the submarine it was close to me and I could hear the Commander talking to somebody and that's all I saw of him. Then I got hold of a ladder and hung on for many hours. Then I saw a raft and I made for it. There was no one on the raft so I was on that for a few days on my own, when I sighted a life boat and they picked me up. In the boat was about eight coloured firemen, and an apprentice and Engineer. Three of the firemen died in the boat. I asked these people had they seen Capt Parry and none of them had. So we were picked up by a Man-o'-war 12 days later and landed at Durban, South Africa. Well as far as I know no one had seen him. I only wish I could give you some ray of news. It was very dark we could see nothing. I hope to God I shall never have to go through anything like that again. Should you receive any news please let me know as I hope to be home until the end of August.

Llythyr Samuel Lloyd – 24 Gorffennaf 1943

Mr Fowler was down here last Friday. He is getting over his experience slowly. He had pneumonia on the passage home and was detained in hospital at Liverpool for a while. I dare say you have heard from him by now. He told me he was going to write. It appears they had a lifeboat away (the starboard one). That's what picked up the 3rd mate. A pity they didn't cruise around for a while. I'm sure they would have picked up a lot more. I don't think they had much more information about Capt Parry. I believe he gave the attache case with the ship's papers to Kelly the apprentice, and then went back to his room. Kelly unfortunately lost the case.

I had to appear before the Medical Board this week. I have to be at home another three months at least.

Llythyr Gwyn Fowler – dim dyddiad (mae'n debyg o ddiwedd Gorffennaf i ddechrau Awst 1943)

Just a line to reply to your letter, thanking you very much for the invitation, as I think it is very kind of you. Well as Mr. Lloyd stated about Capt Parry it is quite true as you must excuse me for not telling you in the first place as I don't know how you would take it. Kelly spoke to Capt Parry a few moments after the torpedo hit us and I asked this boy how he was and he said calm as usual and he walked into his room and was not seen again. I quite agree with you he may have gone back to his room to fetch something and failed to get away. Kelly was in the boat that picked me up. Well I have nothing to add. I see Mr Lloyd very often as he lives near me. He is getting fairly well now and I am much better myself but I hope to be home for a few weeks more as my nerves are not too good but New Quay is a very nice place to get well. It's only a small seaside town on the coast of Cardigan Bay. My father and mother have both died. My father was killed in the last war and my mother died four years ago and I am living with my brother and sister in law. So you see I am in a position to sympathise with you as my mother was for years trying to get some news about my father and people don't like to say to hurt their feelings.

Llythyr E. R. Davies, mam William (Billy) Lewis Davies, prentis – 1 Tachwedd 1943

In answer to your letter to my son, which was sent on from Goodwick, and arrived here on Saturday, while I was at Bristol, so you see it has taken a while to reach me.

My son left for sea again on Oct 22nd and left instructions for me to open any mail addressed to him.

I am so sorry you did not write a little earlier, so that he could have answered himself.

You will see that I am at Cardiff. My intention was to be here for the winter months, with him, but this offer came along, and nothing would stop him going. So once again I am alone with him and my husband at sea. He only had five weeks at home.

I am afraid I cannot tell you anything. He spoke so little about it to me, but I know it was a very dreadful experience. He never mentioned it unless I asked him a question, and then he was very brief.

I asked him about his Captain, and he said Mr. Kelly was the only one to his knowledge that saw him, so I don't think Billy would have much to tell you.

My brother Capt Bailey was at home with Billy a few weeks ago. He knew your dad very well, and I heard him making inquiries about Capt Parry, and heard Billy say, he gave Mr. Kelly some ship's papers and went back to his room to get something, and must have been trapped. She sank in a few minutes. Your only consolation is that it was over so quickly, he had no suffering.

They both spoke of him as a very fine gentleman. Billy thought quite a lot of him, and my brother said how sorry he was that he wasn't saved.

I will enclose a cutting from the Durbam Newspaper after my son was landed and in hospital where he was for nearly six months.

My family share with me, in sending you and your dear mother, our deepest sympathy in the loss of a wonderful father and husband.

This is indeed a terrible war. All our loved ones taken from us. I lost a brother, 2nd engineer just over a year ago. He was the baby, and not married. So my mother is still grieving.

Llythyr Dorothy Kelly, mam Bernard Kelly, prentis – dim dyddiad (mae'n debyg tua diwedd 1943 neu ddechrau 1944)

I am Bernard Kelly's mother. We apologise for opening your letter, but Dad quite thought it was for him.

Well my dear, Bernard has been away nearly a year, and I am afraid he will be for another year. I have sent him an airmail asking him to write to you, but doubt if he will be able to say a lot owing to censorship, but as soon as he arrives home, I will get him to call on you, and I do hope he will be able to give you some information and hope. My heart aches for every woman during these awful times, and pray my boy may return safely. We are having some horrid nights here *(Charlton, Llundain)*, and I sometimes wonder if my boy will ever see us at home, but one hopes for the best. Bernard was the apprentice on the S.S. Peterston, and I think the other lad is still aboard her, who joined at the same time.

So now my dear, be sure if we get to know anything at all from Bernard, we will let you know. Kind regards to your mother, and as soon as Bernard gets home I will tell him to call.

Llythyr Bernard Kelly – dim dyddiad, ond yn dilyn llythyr ei fam

I really must apologise for not writing sooner, but I have been home a week – after a twelve month voyage. I did really need that week to settle down. In reply to your very welcome letter about your father, I'm afraid I can't give you much news about him, but what little I can give I sincerely hope it will ease your mind. Well, I think I had better start from the time we were torpedoed.

When the torpedo hit us, myself and few others managed to get into a lifeboat. This was when I saw your father, Capt Parry. He appeared on the boat deck, and after my query as to whether he was coming to the lifeboat, he replied that he would hang on for a bit longer. He also gave me his brief case containing ship's papers, with the instructions to deliver them, if possible, as soon as we made land. By this time the Llanashe was sinking fast. When the ship had eventually gone we managed to pick up a few more survivors, but I'm sorry to say that I did not see your father again.

As you most likely know, I was on the Peterston and the Llanashe with your father, and I can assure you that he was a proper gentleman to sail with. At the moment, I am spending a few days at Nottingham, as London is a little too noisy for myself, what with flying bombs and other things. I also intend to sit for my second mate's ticket, so I am very busy at the moment.

I sincerely hope, Margery, that these few lines will ease your mind.

Llinell amser James Parry

Dyddiad	Lleoliad (Lle mae cofnod o hynny)	Digwyddiad
15 Ionawr 1894	Aberdaron	Geni
4 Mawrth 1910	Aberdaron	Marw ei dad
10 Ebrill 1912- 3 Gorffennaf 1913	*Edith Eleanor*	Tair mordaith
15 Medi 1913- 8 Ebrill 1915 (21 Mawrth 1914)	*Lydgate* Montevideo, Uruguay i Port Adelaide, De Awstralia Newcastle, Awstralia	Mordeithiau
28 Gorffennaf 1914		**Dechrau'r Rhyfel Mawr**
1915	Llundain	Gadael y Lydgate
4 Mai 1915- 14 Ionawr 1916	S.S. *Devian*	Mordeithiau
12 Chwefror 1916- 27 Mehefin 1916	S.S. *Lake Michigan*	Mordeithiau
1 Gorffennaf 1916	Aberdaron	Priodi Mary
2 Gorffennaf 1916		Geni ei fab John
6 Gorffennaf 1916		Pasio'n llongwr abl
9 Gorffennaf 1916		Marw John
9 Gorffennaf 1916- 11 Awst 1916	S.S. *Lake Michigan*	Mordeithiau
20 Medi 1916- 27 Tachwedd 1916	S.S. *Turret Court* Sydney, Awstralia	Mordeithiau
28 Rhagfyr 1916- 9 Mawrth 1917	S.S. *Horsa*	Mordeithiau
20 Mawrth 1917- 27 Mai 1917	S.S. *Menevian* Genoa, Yr Eidal	Mordeithiau
7 Mehefin 1917- 30 Awst 1917	S.S. *Menevian* Genoa, Yr Eidal	Mordeithiau
15 Medi 1917- 13 Ionawr 1918	S.S. *Menevian* Genoa, Yr Eidal	Mordeithiau
9 Hydref 1917	Aberdaron	Marw ei fam
28 Chwefror 1918- 4 Mehefin 1918 (30 Mai 1918)	S.S. *Dungeness*	Mordeithiau Taro gan dorpido

12 Gorffennaf 1918- 19 Medi 1918	S.S. *Chiverstone*	Mordeithiau
25 Medi 1918- 25 Ionawr 1919	S.S. *Sheridan*	Mordeithiau
11 Tachwedd 1918		**Diwedd y Rhyfel Mawr**
6 Mawrth 1919		Geni ei ferch, Margery
19 Ebrill 1919	Casnewydd	Pasio'n ail is-gapten
11 Gorffennaf 1919- 25 Medi 1919	S.S. *Harmonic*	Mordeithiau
1 Tachwedd 1919	Aberdaron	Marw ei chwaer, Catherine
10 Mawrth 1920- 24 Ionawr 1921	S.S. *Maindy House*	Mordeithiau
4 Ebrill 1921	Porthmadog	Trwydded is-gapten
23 Gorffennaf 1921- 8 Hydref 1921	S.S. *Maindy Dene*	Mordeithiau
20 Rhagfyr 1921- 19 Mai 1922	S.S. *Cornhill*	Mordeithiau
24 Hydref 1922- 16 Rhagfyr 1923	S.S. *Grelgrant* Unol Daleithiau America, India, River Plate, Yr Ariannin, Môr y Canoldir, Y Môr Du	Mordeithiau
17 Ionawr 1924- 14 Mai 1925	S.S. *Greldon* India, Y Môr Du	Mordeithiau
19 Hydref 1925- 21 Medi 1928	S.S. *W. I. Radcliffe*	Mordeithiau
8 Mawrth 1929- 15 Ionawr 1932	S.S. *Peterston*	Mordeithiau
1932	S.S. *Peterston*	Penodi'n gapten
20 Ionawr 1936	S.S. *Peterston* Mariupol, Wcráin	Dathlu Edward VIII yn frenin
11 Gorffennaf 1936- 22 Chwefror 1937	S.S. *Peterston* Sabang, Indonesia, Camlas Suez, Gibraltar, Santander, Sbaen, Rotterdam, Yr Iseldiroedd, Istanbul, Twrci, Cristobal a Bilboa, Panama, Vancouver, Canada	Mordeithiau
1937	S.S. *Peterston* Genoa, Mariupol, Algiers, Montreal, Buenos Aires, Yr Ariannin. St. Vincent, Môr y Caribî	Llythyrau adref
26 Tachwedd 1937	S.S. *Peterston* Hull.	Mordaith gyda Mary a Margery
26 Rhagfyr 1937- 4 Ebrill 1937	S.S. *Peterston* Alexandria, Yr Aifft, Suez, Port of Natal, De Affrica, Dakar, Senegal	Mordeithiau

Rhagfyr 1938	S.S. *Peterston* Necochea, Yr Ariannin	Mordeithiau
Awst 1938- Mai 1939	S.S. *Peterston* Rajputana, India, Antwerp, Gwlad Belg, Kobe, Japan, Fremantle, Gorllewin Awstralia,	Mordeithiau Telegramau adref
(Mawrth 1939)	Alexandria, Yr Aifft;	
(Pasg 1939)	Kosseir, Yr Aifft; Môr Coch am Ynysoedd y Maldives;	
(4 Mai 1939)	Kobe, Japan	
1 Medi 1939		**Dechrau'r Ail Ryfel Byd**
29 Medi 1939- Tachwedd 1939	S.S. *Peterston* Caerdydd i Port Said, Yr Aifft; Suez	Mordaith
Hydref 1940	S.S. *Llanashe* Casnewydd; Lerpwl; Montreal, Canada	Mordeithiau
1940-1941	S.S. *Llanashe* Lerpwl, Halifax, Nova Scotia; Sydney, Nova Scotia	Mordeithiau
Tachwedd 1941- Mawrth 1942	S.S. *Llanashe* Lerpwl, Freetown, Sierra Leone; Cape Town, De Affrica	Mordeithiau
Gwanwyn 1942	S.S. *Llanashe* Nova Scotia; Lerpwl	Mordaith
Haf 1942	S.S. *Llanashe* Efrog Newydd; Guantanamo, Cuba; Môr y Caribî; Gweriniaeth Dominica; Trinidad	Mordaith Negeseuon adref
6 Awst 1942- 23 Awst 1942	S.S. *Llanashe* Efrog Newydd	Negeseuon adref
Hydref-Rhagfyr 1942	S.S. *Llanashe* Durban, De Affrica	Mordaith
Rhagfyr 1942- Ionawr 1943	S.S. *Llanashe* Durban, De Affrica; Abadan, Iran; Basra, Irac	Llwytho a gadael
17 Ionawr 1943	S.S. *Llanashe* Basra, Irac	Yn yr harbwr cyn gadael am y Cape of Good Hope
20-24 Ionawr 1943	S.S. *Llanashe* Bandar Abbas, Culfor Hormuz, Culfor Oman, Cefnfor India	
17 Chwefror 1943	S.S. *Llanashe* 34° 00' De, 28° 30' Dwyrain - Grid KZ 42	Dryllio'r *Llanashe* gan yr U-182 Marwolaeth James Parry a 31 arall
2 Medi 1945		**Diwedd yr Ail Ryfel Byd**

Llinell amser Asmus Nikolai Clausen

Dyddiad	Lleoliad	Digwyddiad
2 Mehefin 1911	Flensburg	Geni
28 Gorffennaf 1914		**Dechrau'r Rhyfel Mawr**
20 Awst 1915		'Nico' mewn lifrai milwrol
11 Tachwedd 1918		Diwedd y Rhyfel Mawr
Hydref 1929	Yr Almaen	Ymuno â'r Kriegsmarine
Medi 1935	Yr Almaen	Ymuno â'r U-Bootwaffe
Ebrill 1936	*U-26*	Ymuno
Mawrth 1937 ymlaen	Ysgol Forwrol Mürwik, Flensburg	Hyfforddiant
1937-1939	*M-134*	Penodi'n Uwch-Lefftenant
1 Medi 1939		**Dechrau'r Ail Ryfel Byd**
1939	*U-37*	Penodi'n feistr
28 Chwefror 1940	*U-37*	Derbyn y Groes Haearn Ail Ddosbarth
18 Ebrill 1940	*U-37*	Derbyn Bathodyn Rhyfel yr U-boat 1939
10 Mehefin 1940	*U-37*	Derbyn y Groes Haearn Dosbarth Cyntaf
Awst 1940	*U-142*	Comisiynu
Tachwedd 1940-Mawrth 1941	*U-37* Lorient, Ffrainc; Môr Iwerydd	Tri phatrôl. Suddo 11 llong ac un llong danfor. Lladd 197
Mai 1941	*U-129* Horten, Norwy; Lorient, Ffrainc	Gadael yr *U-37* Comisiynu'r *U-129* Tri phatrôl
Hydref 1941	Pörtschach, Alpau Awstria	Gwyliau
20 Chwefror 1942-7 Mawrth 1942	*U-129* Y Caribî	Patrôl. Suddo saith llong. Lladd 100
13 Mawrth 1942	*U-129* Môr Iwerydd	Derbyn Croes y Marchogion
30 Mehefin1942	*U-182* Bremen, Yr Almaen	Comisiynu
Gorffennaf 1942	Bremen, Yr Almaen	Priodi Hella
19 Rhagfyr 1942	*U-182* Horten, Norwy; De Môr Iwerydd; Cefnfor India	Patrôl
15 Ionawr 1943	*U-182* I'r de o Ynysoedd Cape Verde	Suddo S.S. *Ocean Courage* Lladd 52

17 Chwefror 1943	*U-182* De Cefnfor India 34° 00' De, 28° 30' Dwyrain - Grid KZ 42	Suddo'r S.S. *Llanashe* Lladd 33
10 Mawrth 1943	*U-182* De Cefnfor India	Suddo'r S.S. *Richard D. Spaight* Lladd un
5 Ebrill 1943	*U-182* De Cefnfor India	Suddo'r S.S. *Aloe*
1 Mai 1943	*U-182* De Cefnfor India	Suddo'r *S.S. Adelfotis* Lladd un.
16 Mai 1943	*U-182* Môr Iwerydd 33° 55' Gogledd, 20° 35' Gorllewin	Suddo'r *U-182* Marwolaeth Asmus Nikolai Clausen a 62 arall
1943	Yr Almaen	Geni ei ferch, Ine
5 Ebrill 1945	Yr Almaen	Dyrchafiad i Korvettenkapitän ar ôl ei farwolaeth
2 Medi 1945		**Diwedd yr Ail Ryfel Byd**

Mordaith y *Llanashe* a'r *U-182* yn 1943

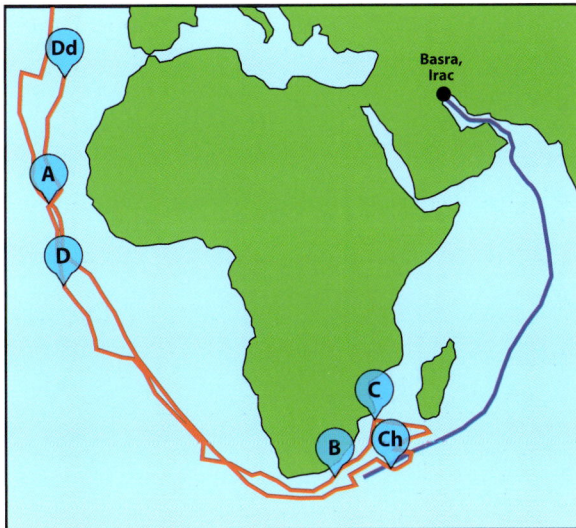

Cwrs y *Llanashe* mewn glas.
Cwrs yr *U-182* mewn coch.

A: Suddo'r *Ocean Courage*
– 15 Ionawr 1943
B: Suddo'r *Llanashe* –
17 Chwefror 1943
C: Suddo'r *Richard D
Spaight* – 10 Mawrth 1943
Ch: Suddo'r *Aloe* –
5 Ebrill 1943
D: Suddo'r *Adelfotis* –
1 Mai 1943
Dd: Suddo'r *U-182* –
16 Mai 1943

Llongau a ddinistriwyd
gan Asmus Nikolai Clausen

Dyddiad	U-boat	Enw'r llong	Tunelli	Gwlad	Nifer a laddwyd	Nifer a oroesodd
1 Rhag 1940	U-37	Palmella	1,578	Prydain	1	28
2 Rhag 1940	U-37	Gwalia	1,258	Sweden	16	4
2 Rhag 1940	U-37	Jeanne M	2,465	Prydain	7	19
4 Rhag 1940	U-37	Daphne	1,513	Sweden	18	1
16 Rhag 1940	U-37	San Carlos	223	Sbaen	1	27
19 Rhag 1940	U-37	Rhône	2,785	Ffrainc	11	?
19 Rhag 1940	U-37	Sfax	1,379	Ffrainc	65	4
9 Chwef 1941	U-37	Courland	1,325	Prydain	3	31
9 Chwef 1941	U-37	Estrellano	1,983	Prydain	6	21
10 Chwef 1941	U-37	Brandenberg	1,473	Prydain	53	1
7 Maw 1941	U-37	Mentor	3,050	Groeg	7	22
12 Maw 1941	U-37	Pétursey	91	Gwlad yr Iâ	10	0
20 Chwef 1942	U-129	Nordvangen	2,400	Norwy	24	0
23 Chwef 1942	U-129	George L Torian	1,754	Canada	15	4
23 Chwef 1942	U-129	West Zeda	5,658	America	0	35
23 Chwef 1942	U-129	Lennox	1,904	Canada	2	18
28 Chwef 1942	U-129	Bayou	2,605	Panama	24	1
3 Maw 1942	U-129	Mary	5,104	America	1	33
7 Maw 1942	U-129	Steel Age	6,188	America	34	1
15 Ion 1943	U-182	Ocean Courage	7,173	Prydain	52	6
17 Ion 1943	U-182	Llanashe	4,836	Prydain	32	9
10 Maw 1943	U-182	Richard D Spaight	7,177	America	1	66
5 Ebrill 1943	U-182	Aloe	5,047	Prydain	0	47
1 Mai 1943	U-182	Adelfotis	5,838	Groeg	1	38

JAMES A NIKOLAI

Geirfa

- Ail is-gapten: Second mate
- Barcer: Tanner
- Barque: Llong hwylio gyda thri neu fwy o hwylbrenni
- Bosn: Boatswain, Bo'sun
- Cnud y bleiddiaid: Wolf pack
- Cyfanwerthwr: Wholesale dealer
- Cynghrair y Cenedloedd: League of Nations. Cyfundrefn fyd-eang rhwng 1920 a 1946 gyda'r prif fwriad o gadw heddwch rhyngwladol
- Cynghrair Triphlyg: Triple Alliance. Cytundeb cudd rhwng yr Almaen, Awstria-Hwngari a'r Eidal, a ffurfiwyd yn 1882, a'i adnewyddu yn achlysurol tan y Rhyfel Byd Cyntaf, gyda'r bwriad o gefnogi'i gilydd pe bai ymosodiad gan wlad arall
- Cynghreiriaid: Allies
- Cytundeb Triphlyg: Triple Agreement. Cytundeb anffurfiol rhwng Rwsia, Ffrainc a Phrydain, yn wrthbwys i'r Cyngrair Triphlyg
- Cywasgwr: Compressor
- Flotilla: Llynges fechan
- Fflagswyddog: Swyddog â chomisiwn yn lluoedd arfog gwlad, digon uchel i allu codi fflag i nodi'r fan ble mae'n rheoli
- Ffrwydryn: Mine
- Glo rhydd: Steam coal
- Gweinyddiaeth Gyflenwi: Ministry of Supply. Adran o Lywodraeth Prydain a ffurfiwyd yn 1939 i gyfuno y cyflenwad o gyfarpar ac arfau i'r lluoedd arfog
- Gwn fflac: Flak gun - gwn gwrthawyrennau
- Is-gapten: First mate
- Kreigsmarine: Llynges yr Almaen (Y Drydedd Reich) 1935-45
- Llawryf: Laurel
- Llong ddistryw: Destroyer
- Llong ysgubo ffrwydron: Minesweeper
- Llongwr abl: Able-bodied seaman
- Llongwr cyffredin: Ordinary seaman
- Lluoedd y Cynghreiriaid: Allied forces
- Llychlynwyr: Vikings

- Llynges fasnach: Merchant navy
- Llyngesydd: Admiral
- Luftwaffe: Awyrlu'r Almaen 1935-45
- Milltir fôr: Nautical mile – 1.15 milltir
- Morlys: Admiralty
- Pen ffrwydrol: Warhead
- Reichsmarine: Llynges yr Almaen 1919-35
- Sgwner frig-hwyl: Topsail schooner. Llong gydag o leiaf ddau hwylbren, gyda'r hwylbren ar y blaen yn llai na'r prif hwylbren
- Sperrbrecher: Llong Almaenig yn ystod y ddau Ryfel Byd yn gweithredu fel llong ysgubo ffrwydron
- U-boat: U-Boot neu Unterseeboot (Almaenig); llong danfor filwrol Llynges yr Almaen
- U-Bootwaffe: Lluoedd yr U-boats
- Wehrmacht: Lluoedd arfog yr Almaen 1935-45
- Wehrpass: Llyfryn manwl am wybodaeth bersonol a milwrol aelodau byddinoedd yr Almaen

Rhengoedd y Kriegsmarine

Rheng	Yn cyfateb i:	
Oberbefehlshaber der Wehrmacht (Adolf Hitler)	Commander in Chief Armed Forces	Pencadfridog y Lluoedd Arfog
Oberbefehlshaber der Marine	Supreme Commander in Chief Navy	Prif Pencadfridog y Llynges
Grossadmiral	Admiral of the Fleet	Prif Lyngesydd
Generaladmiral	Admiral	Llyngesydd
Vizeadmiral	Vice Admiral	Is-lyngesydd
Konteradmiral / Kommodore	Commodore	Comodôr
Kapitän zur See	Captain	Capten
Fregattenkapitän	Captain (Junior)	Capten Iau
Korvettenkapitän	Commander	Comander

Kapitänleutnant	Lieutenant Commander	Is-gomander
Oberleutnant zur See	Lieutenant (Senior)	Lefftenant Hŷn
Leutnant zur See	Lieutenant (Junior)	Lefftenant Iau
Oberfähnrich / Fähnrich zur See	Midshipman	Canol-longwr

Swyddogion eraill a gweithwyr yr U-boats

Swydd	Yn cyfateb i:	
Leitender Ingenieur	Chief Engineer	Prif Beiriannydd
Obersteuermann	Navigator	Morlywiwr
Oberbootsmann	Boatswain / bosun	Bosn
Diesel Obermaschinist	Diesel Officer	Swyddog Disel
Electro Obermaschinist	Electric Motor Officer	Swyddog Motor Trydan
Steuermann	Helmsman	Llywiwr
Mechaniker	Torpedo Mechanic	Mecanig Torpido
Mechanikaermaat	Torpedoman's Mate	Mêt y Torpidomon
Maschinisten	Machinist / motorman	Peiriannwr
Funkmaat	Radio Petty Officer	Is-swyddog Radio
Funkgast	Radio Operator	Gweithredwr Radio
Matrosen	Seamen	Morwyr
Koch	Cook	Cogydd
Bordarzt / Sanitätsmaat	Board doctor / Paramedic	Meddyg / Parameddyg
Flak Personal	Anti-aircraft Personnel	Gweithwyr Gwrthawyrennau
PK-Leute	War Correspondent	Gohebydd Rhyfel
B-Dienst	Intelligence Personnel	Cudd-ymchwilwyr
Meteorologe	Meteorologist	Metrolegwr

Llyfryddiaeth a ffynonellau

Gwefannau
- addoldaicymru.org
- casgliadywerin.cymru
- cimwch.com
- collectinghistory.net
- cyfrifiad.gov.uk
- forces-war-records.co.uk
- genuki.org.uk
- llyfrgell.cymru
- nationalarchives.gov.uk
- penllyn.com
- pilgrim.ceredigion.gov.uk (Edith Eleanor)
- prosiectllongauu.cymru
- rhiw.com
- sunderlandships.com
- uboat.net
- uboataces.com
- wrecksite.com

Lleoliadau
- Archifau Gwynedd, Caernarfon
- Cymdeithas Hanes Teuluoedd Gwynedd
- German U-Boot Museum, Cuxhaven-Altenbruch, Yr Almaen
- Ymddiriedolaeth Archeolegol Gwynedd

Llyfrau a chylchgronnau a chyfnodolion
- Anhysbys, 'War kept manganese production active in Llŷn', *Gwreiddiau Gwynedd* (Caernarfon, 2014), rhif 67, cyfrol 2, t. 44.
- Bernard Edwards, 'The Llanashe; the long voyage to nowhere', *They Sank the Red Dragon* (Cardiff 1987), t. 127-37.
- *County Echo*, 16 Medi 1943.
- Elfed Gruffydd, 'Yn Anghof Ni Chânt Fod', *Llygad Llŷn* (Llanrwst, 2018), t. 12-4.
- Gordon Williamson, *U-Boat Bases and Bunkers 1941-45* (Oxford, 2008).

- *do., Kriegsmarine U-boats 1939-45 (1)* (Oxford, 2008).
- *do., Kriegsmarine U-boats 1939-45 (2)* (Oxford, 2008).
- *do., U-Boat Crews 1914-45* (Oxford, 2005).
- *do., U-boat Tactics in World War II* (Oxford, 2015).
- *do., U-boats of the Kaiser's Navy* (Oxford, 2002).
- *do., U-Boats vs Destroyer Escorts* (Oxford, 2011).
- Gwyndaf Williams, 'The Turbulance in the Brief Life of a New Church – St. Hywyn, Aberdaron', *Gwreiddiau Gwynedd* (Caernarfon, 2016), rhif 70, cyfrol 1, t. 58.
- Harri Parri, *Gwn Glân a Beibl Budr* (Caernarfon, 2014).
- Hugh Glyn Williams, 'Addysg o 1870 hyd 1902', *Atlas Sir Gaernarfon* (Caernarfon, 1976), t. 195-7.
- John Owen, *Hanes Cymru* (1875).
- John Thomas, 'Aberdaron', *Cymru,* 15 Chwefror 1897, t. 117-21.
- *Supplement to the London Gazette,* 23 Tachwedd 1943, t. 5123.
- Wil Williams, *Mwyngloddio ym Mhen Llŷn* (Llanrwst, 1995).
- Yr Athro Ieuan Gwynedd Jones, 'Enwadaeth yn 1801 ac yn 1851', *Atlas Sir Gaernarfon* (Caernarfon, 1976), t. 155-6.